Karina Hofbauer
Günter Hofbauer

Erfolgreiches
Verhandlungsmanagement

Mit sozialer Kompetenz gezielt zum Erfolg

disserta
Verlag

Hofbauer, Karina, Hofbauer, Günter: Erfolgreiches Verhandlungsmanagement. Mit sozialer Kompetenz gezielt zum Erfolg, Hamburg, disserta Verlag, 2020

Buch-ISBN: 978-3-95935-548-3
PDF-eBook-ISBN: 978-3-95935-549-0
Druck/Herstellung: disserta Verlag, Hamburg, 2020
Covermotiv: Designed by macrovector / Freepik

Bibliografische Information der Deutschen Nationalbibliothek:
Die Deutsche Nationalbibliothek verzeichnet diese Publikation in der Deutschen Nationalbibliografie; detaillierte bibliografische Daten sind im Internet über http://dnb.d-nb.de abrufbar.

© disserta Verlag, Imprint der Bedey Media GmbH
Hermannstal 119k, 22119 Hamburg
http://www.disserta-verlag.de, Hamburg 2020
Printed in Germany

Vorwort

Erfolg kommt von erfolgreich geführten Verhandlungen. Nicht nur im Beruf, sondern auch im privaten Bereich begegnen uns täglich Herausforderungen, die wir mit sozialer, kommunikativer und methodischer Kompetenz meistern müssen, damit akzeptable Lösungen gefunden werden. Im beruflichen Bereich geht es vor allem um Kauf- bzw. Verkaufspreise und dazugehörende Lieferbedingungen. Diese müssen so ausgehandelt werden, um die eigene Position möglichst durchsetzen zu können und zu einer fairen Balance zu kommen. Verhandlungsgeschick ist immer dann gefragt, wenn man etwas erreichen, oder vermeiden will und dies jeweils von der Position oder Zustimmung anderer Personen abhängig ist. Wichtig ist dabei, das professionelle Handwerkszeug in Form von Methoden und Vorgehensweisen zu kennen und adäquat anwenden zu können. Dabei ist die Feinabstimmung immer personen- und situationsbezogen vorzunehmen. Die Basis dazu liegt in der sozialen und emotionalen Kompetenz, welche die kommunikative Kompetenz mit einschließt. Diese Kompetenzen helfen auch, bestimmte Reaktionsmuster zu erkennen und entsprechen zu agieren.

Aus der Sichtweise eines Verhandlungteilnehmers ist es zwingend erforderlich, Ansprüche und Argumente des Verhandlungspartners zu erkennen. Ganz besonders wichtig ist dabei die Entschlüsselung von Mimik, Gestik und Haptik. Auch wichtig ist es, Einwände und Vorwände zu unterscheiden zu können.

Entscheidend für den Erfolg ist die ganzheitliche Herangehensweise und Durchführung des Verhandlungsprozesses. Verhandlungen sind dann von Erfolg gekrönt, wenn die einzelnen Schritte gut vorbereitet und aufeinander abgestimmt sind. Das ist sozusagen die „Hardware" des Verhandlungsmanagements. Hardware allein reicht aber nicht! Es muss auch die richtige „Software" vorhanden sein. Diese Software besteht aus sozialen, emotionalen und kommunikativen Kompetenzen. Somit wird es möglich, die Kommunikation perfekt auf die Verhandlungspartner auszurichten und trotz unterschiedlicher Interessen und Ausrichtungen eine gemeinsame Lösung zu erzielen. Erfolg ist damit eine Folgeerscheinung!

Speziell im Geschäftsleben ist es wichtig, die verhandelten Punkte festzuhalten und in einem Vertrag zu dokumentieren, damit die Geschäftsbeziehung auf eine belastbare Basis gestellt wird. Deshalb ist in Teil C als Zusatznutzen in diesem Buch eine systematische Anleitung für das Vertragsmanagement gleich mit eingeschlossen.

Viel Erfolg bei Ihren Verhandlungen wünschen Ihnen:

Günter Hofbauer und Karina Hofbauer

Inhaltsverzeichnis

Abbildungsverzeichnis

Tabellenverzeichnis

A. Allgemeiner Teil

1. Einleitung

Jeder Mensch verkauft sich jeden Tag bei vielen Verhandlungen: im Gespräch mit seinem Vorgesetzten stellt er seine Kompetenz dar, in der Diskussion mit Freunden präsentiert er seine Sichtweise der Welt und in der Erziehung seiner Kinder versucht er Ihnen auf verschiedene Weise das richtige Verhalten anzuerziehen. In jeder dieser Situationen, und in vielen mehr, müssen Sie durch geschicktes Abwägen der Motive des Anderen und angepassten Argumentationsaufbau in eine Verhandlung eintreten. Psychologische Analysen und methodische Verhandlungstechniken werden Ihnen auch in Ihrem täglichen Leben oft dabei behilflich sein, zu erreichen, wonach Sie streben.

Jedes Unternehmen muss seine Produkte oder Dienstleistungen an einem bestimmten Punkt in der Wertschöpfungskette an einen Kunden verkaufen. Dies gilt unabhängig davon, ob das Unternehmen nun Eisenrohre herstellt, oder ob es Systeme zur virtuellen Kontrolle der Waren in anderen Unternehmen programmiert. Ohne den Verkauf kann kein Umsatz und somit auch kein Gewinn erwirtschaftet werden. Der Verkauf ist somit eine essentielle Funktion für jedes Unternehmen, die über den Erfolg der gesamten Unternehmung bestimmt. Doch der Verkauf als abstraktes Konstrukt existiert selbstverständlich in dieser Form nicht, er ist ein aus Menschen und ihren Interaktionen bestehender Vorgang, der sich ständig wandelt und weiterentwickelt und der nicht über einen Computerbildschirm gesteuert werden kann.

Sie – der professionelle Verkäufer – sind gerade in der heutigen Zeit der übersättigten Käufermärkte und spezifischer werdenden Kundenwünschen mehr denn je dazu angehalten, auf der einen Seite immer effizienter und ökologischer zu denken und zu handeln und mit allen anderen Bereichen des Unternehmens (Einkauf, Entwicklung, Fertigung, Service) zusammen zu arbeiten. Und auf der anderen Seite durch konstantes Beziehungsmanagement und vertrauenswürdiges Auftreten zum geschätzten Partner des Kunden zu avancieren. Neue Umstände verlangen nach neuen Methoden und nach der Bereitschaft, sich diese anzueignen und sie anzuwenden. So werden durch neue Erkenntnisse in der Psychologie und Soziologie neue Theorien und Methoden der Verkaufspsychologie entwickelt.

Trotz dieser erschwerten Bedingungen, oder gerade wegen dieser Herausforderung, lieben Sie Ihren Beruf und finden Befriedigung in den Tätigkeiten, die aus der Verantwortung des Verkaufens erwachsen. Sie wissen, dass es zwar generell in einer soliden Geschäftsbeziehung immer darum geht, eine Win-Win-Situation herzustellen, damit beide Partner auch langfristig mit dem Resultat der Geschäfte zufrieden sein können, dass es aber trotzdem eine Vielzahl schwieriger Phasen zu meistern gilt, bis dieses Stadium erreicht werden kann.

Dieses Buch soll Ihnen dabei helfen, all diese Phasen des Verkaufens, angefangen von der Vorbereitung bis hin zur Nachkaufbetreuung, professionell und strukturiert meistern zu können, um eine dauerhafte Geschäftsbeziehung mit einem zufriedenen Kunden zu erreichen. Sie werden feststellen, dass Sie die hier vermittelten Grundlagen dazu befähigen werden, alle Möglichkeiten die sich Ihnen bieten, zu nutzen und durch ein tieferes Verständnis des Verkaufsprozesses schneller an Erfahrung zu gewinnen.

Hinweis

Im gesamten Buch stehen die Begriffe „Verkäufer" und „Kunde" stellvertretend auch für die weiblichen „Verkäuferinnen" und „Kundinnen". Diese Vereinfachung wird aus Gründen der flüssigen Lesbarkeit verwendet.

Auch das Wort „Produkt" steht stellvertretend für den Begriff „Produkt oder Dienstleistung".

2. Clever verhandeln

Professionell und erfolgreich zu verhandeln heißt auch immer clever zu verhandeln. Was dies genau bedeutet, soll an einem Beispielfall demonstriert werden, der auf einer wahren Begebenheit beruht und von der Verhandlung zwischen einem bayerischen Pharmakonzern und einem kleinen hessischen Unternehmen handelt, das eine besondere Ingredienz herstellen konnte. Zum Schutz der betroffenen Unternehmen wurden einige Details verändert (vgl. Bazerman / Malhotra (2007), S. 36):

Man hatte sich in der Verhandlung in gegenseitigem Einverständnis auf einen Preis von 18 Euro pro Kilo bei einer festen Abnahmemenge von 1.000.000 Kilo geeinigt. Für das hessische mittelständische Unternehmen würde dies eine große Kapazitätserweiterung bedeuten, die viel Gewinn mit sich bringen würde. Allerdings gab es einen Punkt, in dem kein Konsens erreicht werden konnte: Der hessische Lieferant weigerte sich strikt gegen eine Klausel, die dem bayerischen Konzern die Exklusivrechte für den Erwerb der Ingredienz zusicherte. Der Pharmakonzern wusste aber aus Erfahrung, dass er sein Mittel nicht auf einer Zutat aufbauen konnte, die andere Unternehmen auch frei erwerben konnten, da der Markt sonst nach kurzer Zeit mit Konkurrenzprodukten anderer Firmen überschwemmt werden würde. Die Bayern machten Zugeständnisse, um Ihr Exklusivrecht zu erreichen, doch auch höhere Preise und Mengen führten nicht zu einer Zustimmung der Hessen. Durch mehrere Angebote und deren sofortige Ablehnung verschlechterte sich das Verhältnis zwischen den beiden Firmen stetig. Die Verhandlungen standen kurz vor der Scheitern.

Überlegen Sie sich, wie Sie als Verhandlungsführer des bayerischen Pharmakonzerns fortfahren würden. Welche Vorschläge würden Sie unterbreiten? Welche Vorgehensweise würden Sie sich ausdenken?

(Die Lösung folgt auf der nächsten Seite.)

Der Verhandlungsprofi Chris, der nun von dem bayerischen Unternehmen als letzte Trumpfkarte ausgespielt wurde, fand schnell den kritischen Punkt der Verhandlung und stellt dem hessischen Unternehmen die entscheidende Frage: Warum?

Warum wollten sie keinen Exklusivvertrag mit seinem Unternehmen abschließen, das ihnen so viel von ihrer Substanz abkaufen würde, wie sie herstellen konnten? Die Antwort des Lieferanten überraschte den Pharmakonzern: Der Eigentümer der Firma hatte eine Vereinbarung mit seinem Cousin, auf Grund derer dieser jedes Jahr 250 Kilo der Substanz erwarb und für ein Produkt einsetzte, das ausschließlich lokal vertrieben wurde. Chris schlug daraufhin eine weitere Klausel im Vertrag zwischen den Bayern und den Hessen vor, die den Verkauf einer bestimmten Menge an den Cousin ermöglichte, sonst aber dem Pharmakonzern das exklusive Recht der Abnahme garantierte. Dieser Vorschlag führte zu einer schnellen Einigung zwischen den beiden Unternehmen.

Nachdem die Lösung bekannt ist, scheint Sie auf der Hand zu liegen. Dennoch zeigt dieser Fall einen äußerst wichtigen Punkt auf: Gehen Sie nicht davon aus, die Motive der anderen Partei zu kennen. Fragen Sie lieber nach und riskieren Sie eine Bestätigung Ihrer Erwartungen. In diesem Fall wäre es durchaus legitim gewesen, als Verhandlungsteilnehmer davon auszugehen, dass der Lieferant mit seinem Zögern einen höheren Preis erzielen möchte oder dass er bereits in Verhandlungen mit einem anderen Pharmaunternehmen steht und über die Option nachdenkt, beide Firmen zu beliefern. Auch hätten diese Vermutung und eine auf ihr aufbauende Verhandlungsstrategie vielleicht bei konsequenter Durchführung zu einem Erfolg geführt. So hätte das hessische Unternehmen vielleicht bei einem sehr viel höheren Preis zugestimmt und die Vereinbarung mit dem Cousin aufgekündigt, doch wären dem Abnehmer so sehr viel höhere Kosten entstanden.

Die Motive der Verhandlungsteilnehmer (siehe Kapitel B 5.1) und deren genaue Kenntnis stellen nur einen der vielen wichtigen Punkte in einer Verkaufsverhandlung dar. Nach und nach werden Sie feststellen, welche dieser kritischen Punkte Sie bereits beherrschen und welche Sie mit Hilfe der in diesem Buch genannten Techniken und Methoden noch verbessern können. Die Checklisten am Ende eines jeden Kapitels werden Ihnen dabei helfen.

3. Konsum- und Industriegütermärkte

Von großer Bedeutung ist für jeden Verkäufer natürlich der Markt, in dem er operiert. Die gröbste Einteilung bildet hier die Unterscheidung zwischen Konsum- und Industriegütermarkt. Die nachfolgende Tabelle verdeutlicht, wie sich diese beiden Arten von Märkten generell nach Bedarfsträgern und angebotenen Leistungen unterscheiden (vgl. Hofbauer / Schweidler (2006), S. 90):

Merkmale	Konsumgütermarkt	Industriegütermarkt
Struktur der Bedarfsträger	- Große Anzahl - Geringer durchschnittlicher Bedarf - Eigenbedarf - Bedarfsträger nicht einzeln bekannt	- Geringe Zahl - Großer durchschnittlicher Bedarf - Ermittelter Bedarf - Bedarfsträger einzeln bekannt
Verhalten der Bedarfsträger	- Kaum Informationsbedürfnis - Eingeschränkte Beschaffungsanstrengungen - Laien - Keine formalisierte Entscheidungsfindung	- Großes Informationsbedürfnis - Umfangreiche Beschaffungsanstrengungen - Fachleute (oft Gremien) - Formale Entscheidungsfindung
Art der angebotenen Leistung	- Einzelleistungen - Massengefertigte Leistungen - Lose Lieferanten-Kunden-Beziehung	- Systemlösungen - Im Auftrag gefertigt - Enge Lieferanten-Kunden-Beziehung

Tabelle 1: Unterschiede zwischen Konsum- und Industriegütermärkten

Dieses Buch richtet sich in seiner Struktur an Verkäufer, die im Industriegütermarkt agieren, und größere Mengen an einzelne Bedarfsträger verkaufen. Doch auch Verkäufer aus dem Konsumgütermarkt können die psychologischen Grundlagen und die daraus eruierten Methoden für ihre Verkaufsgespräche hervorragend anwenden. Für diese gilt es zu beachten, dass der Ablauf im Konsumgütergeschäft sehr viel komprimierter ist und deswegen einige Phasen wegfallen.

4. Konsum- und Industriegüter ...

4. Grundlagen

Es gibt verschiedene Modelle zur Analyse und Planung des Verkaufsvorganges. Durch das Wissen über die verschiedenen Blickwinkel wird deutlich, welche Aspekte von Belang sind und infolgedessen ganzheitlich betrachtet werden sollten. Im Folgenden werden deshalb zuerst der Grid-Ansatz und danach die Verkaufsformeln als bereits existente Modelle dargestellt.

Grid-Ansatz

Dieser geht davon aus, dass sowohl auf der Verkäufer-, als auch auf der Käuferseite zwei wesentliche Faktoren für den Verlauf des Verkaufsgespräches von Bedeutung sind:

- Das Interesse am Verkauf (Sachebene)
- Das Interesse am Kunden / Verkäufer, welches sich im Verhalten äußert (Beziehungsebene)

Trägt man diese beiden Faktoren in ein Koordinatensystem ein, so können fünf verschiedene Verkäufertypen (oder Kundentypen) identifiziert werden (siehe Abbildung 1, vgl. Blake / Mouton (1979)):
Position (1,1) im Verkaufsgitter beschreibt einen Verkäufer, der weder für den Kunden, noch für den Verkauf der Ware besondere Anstrengungen unternimmt. Diese Einstellung kann wohl nur bei extrem nachfragestarken Gütern auf längere Zeit bestehen. Doch sobald die Konkurrenz ihre Bemühungen erhöht, wird es auch in diesem Fall schwierig. Der menschlich orientierte Stil (1,9), bei dem die Beziehung zum Kunden über den sofortigen Verkauf des Produktes gestellt wird, ist besonders bei Märkten mit relativ identischen Gütern und homogener Nachfrage geeignet, da man sich hier kaum anders vom Wettbewerb abheben kann. Der umsatzorientierte Stil (9,1) hingegen, lässt eine längere Kundenbindung durch zufriedene Kunden kaum entstehen und sollte deshalb nur in den seltensten Fällen praktiziert werden. Eine Lösung, die alle Beteiligten vollkommen zufriedenzustellen versucht, ist der problemorientierte Stil (9,9), bei dem sowohl dem Kunden, als auch dem Verkauf eine hohe Relevanz beigemessen wird. Durch einen sehr hohen Zeitbedarf beim Erarbeiten der gemeinsamen Lösungen können hier aber nicht viele Kunden bedient werden. Als Verkäufer befinden Sie sich in der optimalen, auch auf lange Zeit abgesicherten Po-

sition, wenn Sie sich den verkaufstechnisch orientierten Stil (5,5) zu Eigen machen konnten und professionell zwischen Umsatz- und Kundenorientierung abwägen können (vgl. Hofbauer / Hellwig (2005), S. 152).

Wirkliche Erkenntnisse lassen sich aus dem Grid-Ansatz aber erst ziehen, wenn Sie dieses Verkaufsgitter auch für Ihre Kunden aufstellen und dann erkennen, wo die Unterschiede in der Vorstellung liegen.

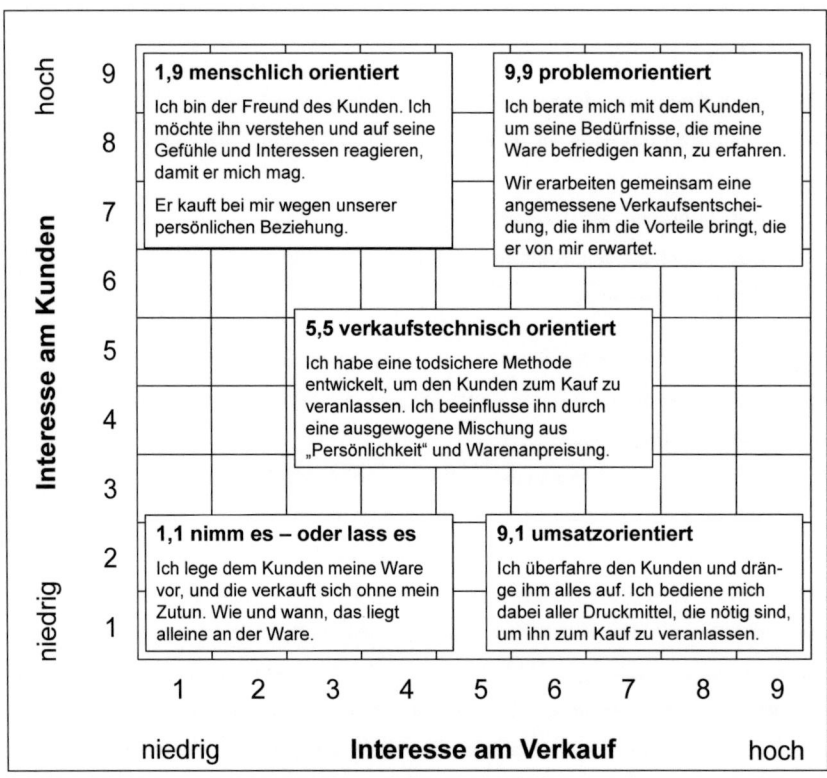

Abbildung 1: Das Verkaufsgitter

Verkaufsformeln

Es gibt bereits einige phasenbezogene Strukturierungsansätze für das Verkaufsgespräch, so genannte Verkaufsformeln. In diesen Verkaufsformeln werden die einzelnen Phasen einer Verkaufsverhandlung beschrieben und die jeweils angeratenen

Verhaltensweisen für Sie als Verkäufer dargestellt. Im Folgenden werden die drei bekanntesten Phasenmodelle vorgestellt (vgl. Winkelmann (2005), S. 263):

Phasenmodelle der Verkaufsverhandlung		
AIDA	DIBABA	WALVATAW
Attention Interest Desire Action (Order)	Definition der Kunden- wünsche Identifizierung des Be- darfs Beweisführung für die Produktvorteile Annahme (Bestätigung) der Beweisführung durch den Kunden Begehren (Kaufwunsch) auslösen Auftragsabschluss errei- chen	Warming up Aufgaben (Ziele) vereinbaren Lösungen für das Problem gemeinsam erarbeiten Vorteile beweisen Akzeptanz (Zustimmung) des Kunden für die Problemlösung erreichen Transformation in Auftragsmodalitäten Abschluss verhandeln Weitere Vorgehensweise abstimmen

Tabelle 2: Phasenmodelle der Verkaufsverhandlung

AIDA

Die bekannteste Formel, die bereits 1898 von Elmar Lewis entwickelte wurde, teilt das Verkaufsgespräch in die folgenden vier chronologischen Phasen ein (vgl. Kuhlmann (2001), S. 257):

1. Attention

   Hier ist es Ihre Aufgabe, die Aufmerksamkeit des Kunden zu erlangen. Es wird als hilfreich angesehen, wenn dem Kunden das Produkt bereits bekannt ist (beispielsweise aus der Werbung).

2. Interest

Nachdem die Aufmerksamkeit des Kunden gewonnen wurde, müssen Sie sein Interesse am Produkt wecken. Dies kann beispielweise mit Hilfe von Mustern und Vorführungen gelingen.

3. Desire

Der Wunsch, das Produkt zu besitzen, sollte nach erfolgreichem Abschluss der vorherigen Schritte, direkt durch Sie gesteigert werden. Referenzen und unterstützende Argumente werden als Werkzeuge genannt.

4. Action

Die Aktion des Kunden sollte dann im Kauf des Produktes bestehen.

Diese sehr einfache Formel basiert auf dem Reiz-Reaktions-Prinzip (siehe Kapitel B 6.2.1) und bezieht noch relativ wenige variable Faktoren ein.

DIBABA

Diese Formel ist als eine Weiterentwicklung des AIDA-Modells zu sehen, bei der ein stärkerer Fokus auf die Einbeziehung des Kunden in den Verkaufsvorgang gelegt wurde. Wie Tabelle 2: Phasenmodelle der Verkaufsverhandlung" zeigt, müssen die Wünsche des Kunden und sein Bedarf erst ermittelt werden, bevor eine Beweisführung möglich wird. Diese muss dann durch den Kunden angenommen werden (vgl. Hofbauer / Hellwig (2005), S. 152).

WALVATAW

Die von Winkelmann entwickelte WALVATAW-Formel bezieht sich, nach Winkelmanns Definition, eher auf den Verkauf von industriellen Ausrüstungsgütern, als auf konsumnahe Güter. Dies wird vor allem durch die zur Lösungsfindung angesprochene Kooperation mit dem Kunden deutlich. Auch stellt Sie die Einzige der drei Formeln dar, die nach dem Verkauf auf eine weitere Zusammenarbeit Ihrerseits mit dem Kunden eingeht (vgl. Winkelmann (2005), S. 263).

4 Ps

Diese Methode, die eigentlich der Werbepsychologie entstammt, lässt sich folgendermaßen in eine Verkaufsformel überführen (vgl. Felser / Kaupp (2007), S. 16):

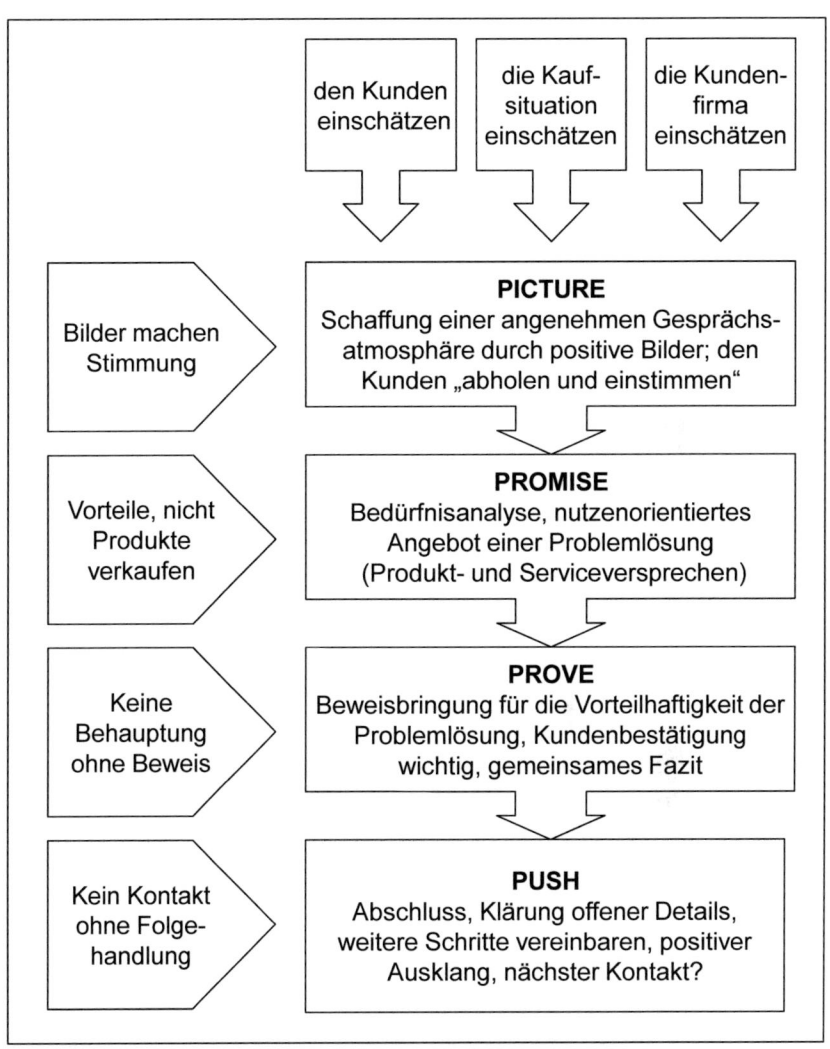

| den Kunden einschätzen | die Kauf-situation einschätzen | die Kunden-firma einschätzen |

PICTURE
Schaffung einer angenehmen Gesprächs-atmosphäre durch positive Bilder; den Kunden „abholen und einstimmen"

Bilder machen Stimmung

PROMISE
Bedürfnisanalyse, nutzenorientiertes Angebot einer Problemlösung (Produkt- und Serviceversprechen)

Vorteile, nicht Produkte verkaufen

PROVE
Beweisbringung für die Vorteilhaftigkeit der Problemlösung, Kundenbestätigung wichtig, gemeinsames Fazit

Keine Behauptung ohne Beweis

PUSH
Abschluss, Klärung offener Details, weitere Schritte vereinbaren, positiver Ausklang, nächster Kontakt?

Kein Kontakt ohne Folge-handlung

Abbildung 2: Übertragung des PPPP-Prinzips auf den Verkauf

B. Der Kreislauf des Verhandlungsmanagements

Um das Verkaufsgespräch in seiner Gesamtheit abbilden zu können, wurde hier als Darstellungsform ein Kreislauf gewählt (siehe Abbildung 3). Die elf Phasen dieses Kreislaufes geben Ihnen stets den Überblick über die einzelnen Schritte des Verkaufsmanagements. Bei Bedarf können Sie gezielt in die jeweilige Phase einsteigen, um perfekt vorbereitet zu sein.

Ein Kreislauf wurde auch deswegen gewählt, weil dies versinnbildlicht, dass nach einem abgeschlossenen Vorgang der nächste sofort wieder beginnt. Ob nun mit dem soeben akquirierten oder einem neuen Kunden, der Kreislauf des Verkaufsgespräches ist für Sie der Kreislauf Ihres Geschäftslebens.

Natürlich soll damit keineswegs angedeutet werden, dass alle Verkaufsgespräche genau gleich ablaufen. Die Phasen können von Verhandlung zu Verhandlung unterschiedlich ausfallen. Einige Phasen können in verkürzter Form auftreten oder ganz entfallen. Teilweise werden diese Veränderungen durch Sie bestimmt und teilweise werden sie Ihnen vom Kunden und von den Umständen des Gespräches diktiert. Aber diese Variationen ändern keineswegs die Tatsache, dass Sie versuchen sollten auf jede einzelne Phase des Gesprächs so gut wie möglich vorbereitet zu sein, um die sich Ihnen dargebotenen Möglichkeiten optimal zu nutzen.

Aus diesem Grund beginnt der Kreislauf auch, im Gegensatz zu vielen anderen Verkaufsformeln und -modellen, mit dem ersten Schritt auf der Reise zum erfolgreichen Verkaufsgespräch: der Vorbereitung. Und er endet mit dem vorerst letzten Schritt, bevor ein erneuter Zyklus beginnt: mit der Nachkaufbetreuung.

Die Checklisten, die jeweils am Ende einer jeden Phase positioniert sind, werden Ihnen dabei helfen, Ihre Zielerreichung zu überprüfen. Durch eine wiederholte Bearbeitung dieser Listen nach wichtigen Verhandlungen können Sie Ihren Fortschritt gezielt kontrollieren.

Der Kreislauf des Verkaufsmanagements

Elf Phasen

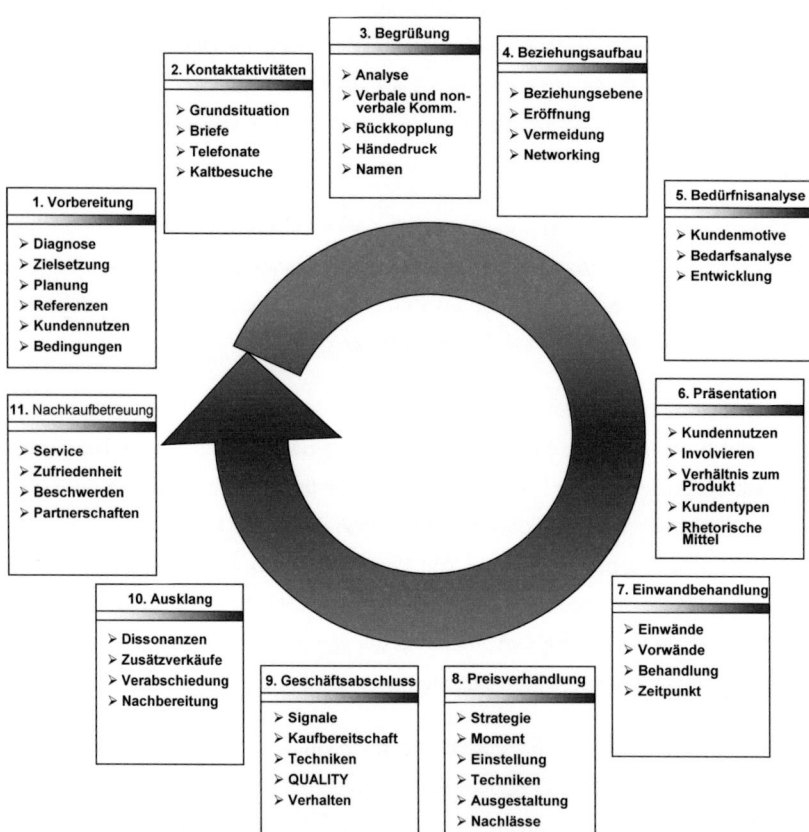

2. Kontaktaktivitäten
- Grundsituation
- Briefe
- Telefonate
- Kaltbesuche

3. Begrüßung
- Analyse
- Verbale und non-verbale Komm.
- Rückkopplung
- Händedruck
- Namen

4. Beziehungsaufbau
- Beziehungsebene
- Eröffnung
- Vermeidung
- Networking

1. Vorbereitung
- Diagnose
- Zielsetzung
- Planung
- Referenzen
- Kundennutzen
- Bedingungen

5. Bedürfnisanalyse
- Kundenmotive
- Bedarfsanalyse
- Entwicklung

11. Nachkaufbetreuung
- Service
- Zufriedenheit
- Beschwerden
- Partnerschaften

6. Präsentation
- Kundennutzen
- Involvieren
- Verhältnis zum Produkt
- Kundentypen
- Rhetorische Mittel

10. Ausklang
- Dissonanzen
- Zusätzverkäufe
- Verabschiedung
- Nachbereitung

9. Geschäftsabschluss
- Signale
- Kaufbereitschaft
- Techniken
- QUALITY
- Verhalten

8. Preisverhandlung
- Strategie
- Moment
- Einstellung
- Techniken
- Ausgestaltung
- Nachlässe

7. Einwandbehandlung
- Einwände
- Vorwände
- Behandlung
- Zeitpunkt

Abbildung 3: Der Kreislauf des Verhandlungsmanagements

1. Vorbereitung

Wenn ein Mann sich nicht auf seine Chance vorbereitet hat,
macht sie ihn nur lächerlich.

Pablo Picasso (1881-1973), spanischer Maler, Grafiker und Bildhauer

Die erste und essentielle Phase der Vorbereitung des persönlichen Verkaufs wird von Verkäufern immer wieder unterschätzt und deshalb vernachlässigt. Doch kein Sportler würde einen Marathon ohne monatelanges Training laufen und kein General würde eine Schlacht ohne strategische Überlegungen im Vorfeld beginnen. Aus genau diesem Grund sollte kein Verkäufer einen Kunden kontaktieren, ohne sich vorher detailliert auf die nachfolgenden Phasen vorbereitet zu haben. Des Weiteren wird eine adäquate Vorbereitung Ihnen nicht nur Sicherheit verleihen und Ihnen somit ein kompetentes Auftreten verleihen, sondern auch Ihrem Gesprächspartner zeigen, dass Sie ihn respektieren und schätzen. Eine fehlende Vorbereitung könnte im Gegensatz dazu vielleicht den Verdacht aufkommen lassen, dass Sie etwas „Wichtigeres" zu tun hatten.

Je ausführlicher und fehlerfreier Ihre Vorbereitung ist, desto einfacher wird für Sie das gesamte Gespräch werden. Es wird in jedem Gespräch viele schwierige Situationen geben, und natürlich können Sie sich nicht auf all diese Situationen durch Vorbereitung einstimmen, aber zumindest können Sie die Wahrscheinlichsten absichern und sich somit im Endeffekt schon vor Beginn des eigentlichen Gesprächs einer höheren Erfolgschance erfreuen. Diese gibt Ihnen dann die nötige Sicherheit, die zu einem professionellen Auftreten benötigt wird.

1.1 Strategische und operative Diagnose

In einem ersten Schritt sollten Sie versuchen eine strategische (beispielsweise SWOT-Analyse) und operative (beispielsweise Kundenwachstums-Lieferanteil-Portfolio) Diagnose über Ihr Unternehmen, Ihre Produkte und die Beziehungen zu den Kunden zu erstellen. Mit Hilfe dieser Daten können Sie sich einen guten Überblick über die Situation verschaffen und den einzelnen Kunden bei Nachfragen beweisen, dass Sie mit den wichtigsten Informationen vertraut sind. Die Analysen sollten je nach der Größe des Kunden und nach Volumen der potenziellen Verträge vom Umfang her angepasst werden.

In der **SWOT-Analyse** stellen Sie die möglichen Konstellationen von Chancen / Risiken, sowie Stärken / Schwächen zusammen, um dann jeweils angemessene Strategien für diese Situationen zu erarbeiten. Diese Analyse lässt sich sowohl für Ihr eigenes Unternehmen und Ihre eigenen Produkte, als auch für Kundenunternehmen erstellen. So können Sie bei Kunden beispielsweise Konstellationen erkennen, die durch den Einsatz Ihres Produktes unterstützt werden können (vgl. Hofbauer / Schmid (2007), S. 74):

| | | Ergebnis der Unternehmensanalyse | |
		Stärken (Strenghts)	Schwächen (Weaknesses)
Ergebnis der Umfeldananlyse	Chancen (Opportunities)	Einsatz der Stärken des Unternehmens zur Ausnutzung der Chancen des Unternehmensumfeldes	Überwindung der Schwächen des Unternehemens durch die Ausnutzung der Chancen des Unternehmens
	Risiken (Threats)	Einsatz der Stärken des Unternehmens zur Minimierung der Risiken des Unternehmensumfeldes	Minimierung der Schwächen des Unternehmens und der Risiken des Unternehmensumfeldes

Abbildung 4: SWOT-Analyse

Durch das **Kundenwachstum-Lieferanteil-Portfolio** stellen Sie für sich heraus, wie die Geschäftssituation mit dem Kunden und dessen Potenzial aussehen. Aus diesen Daten lassen sich dann Rückschlüsse für das weitere Verfahren mit dem Kunden ziehen. Beim Aufbau dieses Portfolios (siehe Abbildung 5) wird in einem Koordinatensystem auf der einen Achse der eigene Lieferanteil beim Kunden, und auf der anderen Achse das Umsatzwachstum des Kunden aufgetragen. Verbindet man diese zwei Werte miteinander, kann man Rückschlüsse für die Strategie der Kundengruppen definieren. So lassen sich im Endeffekt die drei grundlegenden Tendenzen investieren, desinvestieren und abschöpfen herausarbeiten. Bei genauerer Betrachtung des dargestellten Portfolios fällt auf, dass die Werte „niedrig" und „hoch" relativ variable Grenzen darstellen. Eine genaue Definition von Werten wäre hier aber unangemessen, da diese von Branche zu Branche stark schwanken können. Bestimmen Sie diese Dimensionen mit dem Wissen über Ihr Geschäft selbst (vgl. Winkelmann (1999), S. 105).

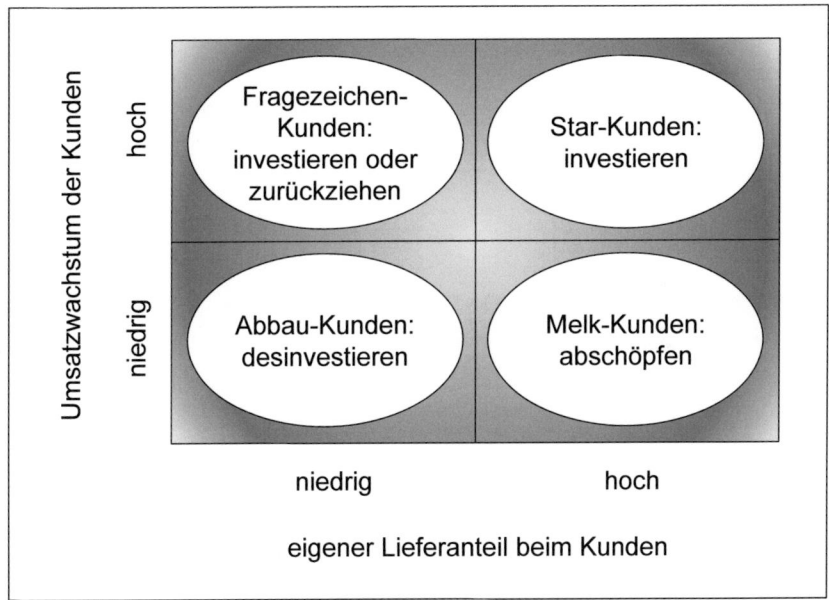

Abbildung 5: Kundenwachstums-Lieferanteil-Portfolio

1.2 Klare Zielsetzung

Sollten Sie nicht Ihr eigener Chef sein, so bekommen Sie meist Ziele vorgeschrieben, die bei fast allen Angestellten im Vertrieb auch bereits als variabler Gehaltsbestandteil im Arbeitsvertrag verankert sind. Einige dieser Ziele werden aus zu erreichenden

Zahlen für Umsatz- und Gewinnniveaus bestehen und andere werden qualitativ beschrieben sein. Beispielsweise wird von Ihnen vielleicht gefordert werden, dass Sie Ihre Zusammenarbeit mit dem Innendienst verbessern. Generell hilft in solch einem Fall die Erstellung von SMARTen Zielen, die Sie bei unklaren Aufgabenstellungen sicher auch zusammen mit Ihrem Vorgesetzten erarbeiten können. Die Anforderungen an diese Ziele sind:

- **S**pezifisch: präzise und eindeutig formuliert
- **M**essbar: qualitativ oder quantitativ nachweisbar
- **A**nspruchsvoll: herausfordernd
- **R**ealistisch: eine realisierbare Herausforderung darstellen
- **T**erminiert: durch einen End- und falls möglich Zwischentermine

Durch eine Festlegung all Ihrer Ziele in dieser Art und Weise stellen Sie sicher, dass Sie erstens genau wissen, was Sie wann erreichen müssen und zweitens sich im Nachhinein auch einfach und objektiv auf die eigene Zielerfüllung gesehen, bewerten können.

1.3 Verkaufsplanung

Die von Ihnen gesetzten Ziele für das Geschäftsjahr können Sie nur dann erreichen, wenn Sie diese auf einen Plan übertragen, den Sie dann auf Quartale und Wochen umrechnen können. Durch diese Umrechnung schaffen Sie sich zunächst ein in Kürze erreichbares Ziel, das Sie motivieren wird, und ermöglichen sich im Nachhinein eine Überprüfung der Zielerreichung.

1.3.1 Jahresplanung

Generell sollten Sie mit der Erstellung der Jahresplanung beginnen, und sich dann in kleinere Dimensionen wie Wochen- und Tagesplanung vorarbeiten, bei denen Sie die jeweils vorherige Planung aufspalten. Dabei sollten Sie mit der Zusammenstellung von wichtigen Informationen und der Berechnung von Kernzahlen beginnen, die nachfolgend anhand eines Beispiels verdeutlicht werden (vgl. Behle / vom Hofe (2006), S. 484):

1. Umsatzziel für kommendes Jahr: 1.000.000 Euro

2. Aufteilung: 800.000 Euro Altkundenaufträge

   200.000 Euro Neukundenaufträge

3. Durch Erfahrungswerte lässt sich von 5 Besuchen pro Tag oder 100 Besuchen pro Monat ausgehen.

4. Der durchschnittliche Auftragswert von neuen Kunden: 20.000 Euro

5. Die bestehenden Kunden lassen sich in folgende drei Kategorien einteilen:

Kundenkategorisierung		
Kundenkategorie	Anzahl vorhandener Kunden	Besuchshäufigkeit
A (wichtig)	10	monatlich
B (zweitrangig)	30	alle 2 Monate
C (sonstige)	120	alle 3 Monate

Tabelle 3: Kundenkategorisierung

6. Pro Monat müssen also 10 Besuche bei A-, 15 Besuche bei B- und 40 Besuche bei C-Kunden, also insgesamt 65 Besuche, durchgeführt werden.

7. Bringt man diese in Abzug von den 100 Besuchen pro Monat, kommt man auf 35 verbleibende Besuche für potenzielle Kunden.

8. Das Verhältnis von 65 Besuchen zu 800.000 Euro bei Altkunden und 35 Besuchen zu 200.000 Euro bei Neukunden scheint realistisch, da Neukunden erhöhten Aufwand erfordern.

9. Bei dem durchschnittlichen Auftragswert von 20.000 Euro bei Neukunden müssen folglich 10 Kunden gewonnen werden, um 200.000 Euro an neuen Aufträgen zu erzielen.

10. Aus den Unterlagen der bereits getätigten Besuche bei potenziellen Kunden lässt sich folgendes Verhältnis errechnen:

    Erstbesuch : Angebot   Angebot : Auftrag

    5 : 1   4 : 1

11. So lässt sich errechnen, dass 200 (= 5 x 4 x 10) potenzielle Kunden besucht werden müssen, um den Zielen im Neukundengeschäft gerecht werden zu können. Dies ergibt eine Summe von ca. 20 Besuchen pro Monat (bei Annahme von 10 Arbeitsmonaten).

12. Durchschnittlich müssen Neukunden 3 Mal besucht werden.

13. Dies führt zu 20 x 3 = 60 Besuchen pro Monat.

14. Diese Berechnung übersteigt die ermittelten Besuche von 35 pro Monat.

15. Optionen: a) Planung aufgeben? – Nein

             b) Wegstrecke pro Besuch reduzieren und somit Besuchszahl erhöhen? – Zu untersuchende Möglichkeit

             c) Quote herabsetzen? – Nein

             d) Weniger Kunden besuchen? – Wenn nötig

             e) Leistung verbessern? – Ja

Verbesserung der persönlichen Leistung

16. e) Durch eine gezielte Verbesserung der Besuchsvorbereitung und der ersten Phasen der Verhandlung kann eine Optimierung des Verhältnisses von Erstbesuchen zu Angeboten von 5 : 1 auf 4 : 1 erreicht werden.

17. e) Durch eine Forcierung von Verbesserungen im Bereich der Einwandbehandlung und Abschlusstechniken, sollte sich eine Verbesserung des bestehenden Verhältnisses von 4 : 1 auf 3 : 1 erreichen lassen.

18. e) Aufgrund der Leistungsverbesserung verringert sich die Anzahl der zu besuchenden, potenziellen Kunden auf 120 (= 4 x 3 x 10), also 12 pro Monat, damit 36 Besuche pro Monat.

19. e) Diese Lösung führt Sie zum Ziel, falls Sie die errechnete Steigerung auch wirklich erreichen können. In diesem Bereich müssen Sie ehrlich mit sich selbst sein, da eine unrealistische Annahme Ihnen nur kurzfristig Freude bereiten wird.

Reduzierung der Kundenanzahl

16. d) Trotz Ihres geringen Beitrages zum Umsatz benötigen die C-Kunden in der Planung relativ viel Zeit, was durch Ihre hohe Anzahl bedingt wird. Eine Reduzierung der Kundenanzahl in dieser Kategorie bietet sich an, darf aber nicht falsch verstanden werden: Reduzierung bedeutet hier nicht die Kündigung der Geschäfte, sondern die Verschiebung von persönlichen Besuchen zu Telefonaten und Schriftverkehr. Bei einer Reduzierung von 120 auf 75 zu besuchende C-Kunden würde sich ergeben:

Reduzierung von zu besuchenden C-Kunden			
Kundenkategorie	Anzahl der Kunden	Besuchshäufigkeit	Besuche / Monat
A	10	monatlich	10
B	30	alle 2 Monate	15
C	75	alle 3 Monate	25
gesamt	115		50

Tabelle 4: Reduzierung von zu besuchenden C-Kunden

17. d) Somit wären 50 Besuche bei potenziellen Kunden möglich.

Kombiniert man die beiden Methoden, lässt sich sogar mehr als die benötigte Zeit schaffen und somit weitere Pufferzeit einbauen, in der Sie unter anderem daran arbeiten können, Ihre Stammkunden zu überraschen. Setzten Sie einmal Ihre eigenen Zahlen in das Schema ein und überlegen Sie sich die für Sie möglichen Optionen.

1.3.2. Wochenplanung

Bei der Wochenplanung, die Sie aus der soeben dargestellten Jahresplanung ableiten können, geht es zum einen um die Besuche bei den verschiedenen Kundenkategorien und zum anderen um Aufgabengebiete, die bis jetzt in der ganzheitlichen Betrachtung ausgespart wurden: Verwaltungs- und Routineaufgaben. Die meisten Menschen empfinden diese Tätigkeiten eher als unangenehm, was aber niemanden von deren Verrichtung verschont. Manche dieser Aktivitäten können Sie vielleicht an Ihre zuständigen Innendienstmitarbeiter delegieren, weswegen Sie sich einen guten Überblick über diese Aufgaben verschaffen sollten. Der Tabelle 5 (vgl. Küpper (1997), S. 54) kann entnommen werden, wie eine derartige Wochenplanung aussehen könnte.

Mit Hilfe dieser Informationen können Sie dann über die Delegation der Aufgaben an andere Mitarbeiter des Unternehmens nachdenken. Dabei sollten Sie stets versuchen, sich auf die Aufgaben zu konzentrieren, für die Sie besonders talentiert sind und bei denen eine Delegation einen Kunden möglicherweise verärgern könnte.

Wochenplanung vom .... bis			Name		
Montag, den			**Dienstag, den ....**		
Uhrzeit	A, T, B, I, F	Arbeitspaket	Uhrzeit	A, T, B, I, F	Arbeitspaket
Mittwoch, den			**Donnerstag, den ....**		
Uhrzeit	A, T, B, I, F	Arbeitspaket	Uhrzeit	A, T, B, I, F	Arbeitspaket

Freitag, den			Legende:	A = Außendienst
Uhrzeit	A, T, B, I, F	Arbeitspaket		T = Telefon
				B = Brief
				I = Innendienst
				F = Festtermin

Tabelle 5: Wochenplanung

1.3.3. Tagesplanung

Eine Tagesplanung, die Sie nur fünf Minuten kostet, wird Ihnen dabei helfen, Ihre Termine so zu koordinieren, dass Sie weniger Zeitnot ausgesetzt sein werden, immer rechtzeitig zu wichtigen Terminen erscheinen werden und gleichzeitig weniger Stress verspüren werden. Erstellen Sie ein Formular, wie das in Tabelle 5 (vgl. Behle / vom Hofe (2006), S. 481), immer schon am Vortag, so werden Sie in Kürze eine Effizienzsteigerung feststellen (vgl. Behle / vom Hofe (2006), S. 481).

Der wesentliche Unterschied zur Wochenplanung besteht darin, dass Sie in der Tagesplanung nur noch Ihre eigenen Aufgaben und deren konkrete Einteilung berücksichtigen.

38

Tagesplanung					
Datum					
Woche					
Verfügbare Arbeitszeit (Tag / Woche)					
maximal (= Dienstzeit gesamt)					
– verplante Zeit (nicht mehr disponierbar)					
= maximale verfügbare Zeit					
– 30% Reserve					
= real verfügbare, planbare Zeit (= Zeitvorrat)					
Zeitbedarf in Std.					
Aufgaben (Kurz-) Bezeichnung	Aufgaben-soll und Zeitbedarf	Priorität der Aufgaben			Aufgaben-plan und Zeitbedarf
		A	B	C	
Zeitbedarf					

Tabelle 6: Tagesplanung

1.4 Referenzen

Eine gute Möglichkeit um in der tatsächlichen Verhandlung an wichtigen Stellen, beispielsweise bei Einwänden oder beim Abschluss, Ihre mündlichen Ausführungen auch durch schriftliche Dokumente unterstützen zu können, sind Referenzen. Ihre Argumente werden nicht nur durch das Schriftstück verstärkt, sondern Sie gewinnen dessen Unterzeichner praktisch als aktiven Helfer in der Verhandlung. Generell kann dies durch eine Liste von Referenzfirmen mit zuständigen Ansprechpartnern und durch speziell für Sie formulierte Empfehlungsschreiben geschehen. Für die Zustimmung zur Aufführung in einer Referenzenliste oder die Erstellung von Referenzen sollten Sie Stammkunden ansprechen, deren Zufriedenheit Sie sich sicher sein können. Im Folgenden wird aufgezeigt, wie eine Bitte um eine derartige Referenz aussehen kann (vgl. Limbeck (2006), S. 158).

In den wenigsten Fällen wird ein zufriedener Kunde Ihnen eine solche Bitte abschla-gen, und falls es doch einmal vorkommen sollte, wissen Sie zumindest, dass er nicht ganz so zufrieden ist, wie Sie vielleicht vermutet haben und können sich nach Ihren Versäumnissen erkundigen. Heutzutage ist es aber auch oftmals üblich, dass Sie von Kunden gebeten werden, ihnen beim Verfassen der Referenz aktiv behilflich zu sein. Sehen Sie dies als Möglichkeit die Ausgestaltung der hervorzuhebenden Kundennut-zen selbst beeinflussen zu können. Achten Sie in diesem Zusammenhang darauf, dass Sie die verschiedenen Kundennutzen in verschiedenen Schreiben erwähnen, um bei Nachfragen flexibel zu sein. Trotzdem sollten Sie sich aber auf den Nutzen konzentrieren, von dem Sie denken, dass er bei Ihren Produkten am hervorhebenswertesten ist.

1.5 Kundennutzen

Sie sollten sich generell bewusst machen, dass ein Produkt nicht immer alle mögli-chen Erwartungen der Kundengruppe befriedigt. Es gibt zum Beispiel wenige Pro-dukte, die führend in der Qualität sind und trotzdem mit extrem niedrigen Preisen überzeugen können. Denken Sie genau darüber nach, welche außergewöhnlichen

Merkmale Ihr Produkt besitzt, durch die es Konkurrenzprodukten überlegen ist. Diese Merkmale müssen sich nicht immer nur auf das Produkt selbst beschränken. Auch Serviceleistungen, Kooperation mit Kundenunternehmen und öffentliches Image bilden Faktoren, die Kunden wichtig sind und für die Sie bereit sind mehr Geld auszugeben. Bei größeren Firmen können Sie den Kundennutzen, der hervorgehoben werden soll, leicht aus Werbe- und Imagekampagnen erschließen. Falls Sie sich nicht darüber im Klaren sind, welcher Kundennutzen am deutlichsten hervortritt und welcher Sie am ehesten zum Ziel bringen wird, dann fragen Sie doch einfach bestehende, zufriedene Kunden, was sie dazu bewogen hat, sich für Ihre Firma zu entscheiden und welche Eigenschaften sie nun am meisten zufrieden stellen.

1.6 Organisatorische Vorbereitung

Damit Sie beim Kunden gleich von Anfang an einen optimal vorbereiteten und kompetenten Eindruck machen können, benötigen Sie vor allem eines: Informationen. Sie sollten deshalb unbedingt (in Zusammenarbeit mit allen anderen Verkäufern Ihres Unternehmens) eine Kundendatenbank führen, in der die wesentlichen Informationen über alle Kundenunternehmen und alle Kontaktpersonen in diesen Unternehmen zusammengefasst werden. Auch mit dem zuständigen Innendienstmitarbeiter sollten Sie im Rahmen der Vorbereitung ein Gespräch führen, bei dem Sie sich über die gegenwärtigen Aufträge informieren. Folgende Daten sollten Sie im Laufe der organisatorischen und fachlichen Besuchsvorbereitung zusammentragen (vgl. Winkelmann (1999), S. 156f):

- Teilnehmer des Gesprächs und deren Kompetenzen, Interessen und Daten
- Informationen über Verhandlungsziele der Kunden, sowie Kundenerwartungen
- Informationen über den Stand der Geschäftsbeziehung, Soll/Ist-Abweichung von Auftragseingang und Umsatz gegenüber dem Vorjahr und im Vergleich zu einem eventuell bestehenden Rahmenvertrag
- Informationen zu aktuell ablaufenden Vorgängen und Versäumnissen beider Parteien (offene Rechnungen, Lieferzeitüberschreitungen)
- Informationen über bekannte, unausgeschöpfte Verkaufschancen bei Kunden (CSOs = Cross Selling Opportunities)
- Geschäftsentwicklung der Firma des Kunden
- Beziehungen des Kunden zur Konkurrenz

Des Weiteren sollten Sie folgende Unterlagen vorbereiten:

- Offene Verträge und Absprachen
- Besuchsberichte
- Katalog und Preisliste
- Informationsmaterial über eigene Firma und Produkte / Neuerungen
- Standardwerkzeug: Visitenkarte, Werbegeschenke, Block

Dabei muss selbstverständlich je nach Wichtigkeit des Kunden und der Verhandlung von Ihnen abgewogen werden, wie detailliert die Informationen vorliegen müssen.

1.7 Verhandlungsbedingungen

Sollten Sie die Möglichkeit besitzen, dass Kunden Sie in Ihren Räumlichkeiten aufsuchen, oder dass Sie sich mit Kunden auf neutralem Grund treffen, den Sie gestalten können, dann lassen Sie diese auf gar keinen Fall ungenutzt verstreichen.

Die Bedingungen, unter denen die Verhandlungen stattfinden, werden vom Kunden zwar unterbewusst wahrgenommen, aber meist nicht aktiv nach außen kommuniziert. So wird er beispielsweise in den seltensten Fällen sagen, dass die Anordnung der Stühle in ihm Unwohlsein hervorruft. Gerade aus diesem Grund können und sollten Sie hier durch nachfolgende Faktoren auf das Wohlbefinden des Kunden einwirken und somit eine Grundstimmung schaffen, die einen Geschäftsabschluss begünstigt (vgl. Bänsch (2006), S.11ff):

- **Interaktionsumfeld:** landschaftliche Einbettung, Bequemlichkeit des Raumzuganges, nicht beengende Raumgröße und -aufteilung, auf etwa 21° C temperierte Luft und bequeme Sitzmöglichkeiten.

- **Farbgestaltung des Umfeldes:** Untersuchungen haben ergeben, dass sich aus verschiedenen Farben verschiedene Assoziationen ergeben. Die Assoziation „sicher und behaglich", die für ein Verkaufsgespräch als besonders geeignet erscheint, tritt bei Blau und vermindert auch bei Grün und Braun auf (vgl. Wexner (1954), S.67).

- **Objekte im Raum:** Lassen sich nur anpassen, falls Ihnen genaue Informationen über den Kunden vorliegen. Bei geschickter Wahl lassen sich diese aber dann oft als Kommunikationseinstieg und -auflockerung verwenden. Sporttrophäen und Zeitungsausschnitte lassen sich beispielsweise besonders gut als Einleitung zum Gespräch mit dem Kunden verwenden.

- **Reale Demonstrationsgegenstände:** Sie sollten möglichst einen plastischen Vorführgegenstand (wenn auch nur in kleinem Maßstab) oder zumindest Bilder und / oder Videos von dem Produkt zur Verfügung haben. Wissenschaftliche Untersuchungen haben ergeben, dass in den ein bis zwei Sekunden, die vom Gehirn zur Aufnahme eines Bildes mit einer Vielzahl von sachlichen und emotionalen Eindrücken benötigt werden, lediglich fünf bis zehn Wörter eines einfach Textes aufgenommen werden können. Dies beweist die deutliche Unterlegenheit von Textformat auf diesem Gebiet.

- **Verhandlungsstellung:** Eine sitzende Stellung kann zu einer entspannteren Stimmung verhelfen und wird einem aggressiven Kommunikationsverhalten entgegenwirken.

- **Verhandlungspositionierung:** Eine Positionierung schräg zueinander verhindert gleichzeitig Konfrontation und zu intime Nähe, falls auf einen Abstand von 1,30 – 2,30 m geachtet wird. Dieser Abstand sollte bei Verhandlungen in stehender Position meist etwas verkleinert werden. Generell hat jeder Mensch in dieser Beziehung leicht unterschiedliche Präferenzen. Achten Sie also auf die Reaktionen Ihres Gegenübers auf Veränderungen des Abstandes.

1.8 Checkliste für eine vollständige Vorbereitung		
Sie haben...	Antworten	
	Ja	Nein
1. eine strategische und / oder operative Diagnose über Ihr Unternehmen / Ihre Produkte, den Kunden und die Beziehung zum Kunden erstellt?	☐	☐
2. klare Ziele definiert?	☐	☐
3. eine Verkaufsplanung erstellt?	☐	☐
4. diese Planung in Wochen- und Tagesplanung umgerechnet?	☐	☐
5. Referenzen von Kunden eingeholt?	☐	☐
6. den Kundennutzen klar herausgearbeitet?	☐	☐
7. alle notwendigen Daten und Unterlagen erstellt?	☐	☐
8. auch persönliche Daten der Ansprechpartner recherchiert?	☐	☐
9. für verkaufsbegünstigende Verhandlungsbedingungen gesorgt?	☐	☐
10. das Gefühl, gut vorbereitet in die Verhandlung zu starten?	☐	☐

Tabelle 7: Checkliste für eine vollständige Vorbereitung

2. Kontaktaktivitäten

Je höher die Technologie, desto höher das Kontaktbedürfnis.

John Naisbitt (*1930), amerikanischer Prognostiker

Generell hat jeder Mensch das Bedürfnis nach menschlichem Kontakt und jeder Kunde wird sich lieber kompetent von Ihnen beraten lassen, als sich durch die unendliche Menge von Angeboten an Produkten im Internet oder in Katalogen zu arbeiten, die ihm spezielle Fragen nicht beantworten und eine individualisierte Lösung nicht ausmalen können. Seien Sie sich dieser Tatsachen bewusst und strahlen Sie diese Einstellung auch aus, wenn sie erste Kontaktaktivitäten durchführen. Sie sind der Ansprechpartner des Kunden, sowie der Problemlöser in einer schwierigen Situation.

Viele Verkäufer stehen den ersten Bemühungen der Kontaktaufnahme und den ersten zu sprechenden Worten dennoch kritisch gegenüber, da sie die Möglichkeit der Ablehnung fürchten. Wenn Sie alle Tipps aus diesem Kapitel beachten, haben Sie jedoch nichts mehr zu befürchten und können, unterstützt durch die Vorbereitung (siehe Kapitel B 1.1), getrost auf das Kundengespräch zusteuern.

2.1 Grundsituation

Generell gibt es drei verschiedene Grundsituationen der Kontaktaufnahme zwischen Ihnen und dem Kunden (vgl. Bänsch (2006), S. 47):

(1) Der Kunde kommt zu Ihnen.

(2) Sie werden vom Kunden angefordert und suchen diesen auf.

(3) Sie beginnen die Kontaktaufnahme von sich aus.

Die Situationen (1) und (2) gestalten sich für Sie äußerst angenehm, da Sie wissen, dass der Kunde ein generelles Interesse an Ihrem Produkt hat und Sie nicht von vornherein in die Bittsteller-Rolle gezwungen werden. Die meisten Vorteile für Sie bietet offensichtlich Situation (1), da Sie hier das Umfeld der Verhandlungen aktiv (zu Ihrem Vorteil: Siehe Kapitel B 1.7) gestalten können. In den hart umkämpften Käufermärkten der heutigen Zeit ist eher selten mit dieser Konstellation zu rechnen. Bei Situation (3) geht die Initiative von Ihnen aus und Sie müssen zunächst eine Interaktions- und Gesprächsneigung beim Kunden herstellen. Um nicht auf vorhandene Abschirmbarrieren (wie Pförtner oder Sekretärin) zu treffen, ist es sinnvoll, sich beim potenziellen Kunden per Akquisitionsbrief oder –telefonat anzumelden.

Bei genauerer Betrachtung dieser beiden Möglichkeiten wird deutlich, dass ein Telefonat die geeignetere Variante darstellt, da in diesem sofort auf Einwände und Fragen des Kontaktierten eingegangen werden kann und mögliche Termine für ein Treffen vereinbart werden können. Des Weiteren bestätigen viele Verkäufer, dass eine Ablehnung am Telefon sehr viel seltener ist, als bei schriftlichem Kontakt. In einem Gespräch können auch Ihre rhetorischen Fähigkeiten um ein Vielfaches besser genützt werden, als in einen Brief.

Allerdings muss hierbei beachtet werden, dass aktive Telefonwerbung in Deutschland auch im gewerblichen Bereich unter gewissen Umständen rechtswidrig sein kann. So darf der Angesprochene nur telefonisch kontaktiert werden, wenn es einen konkreten Grund gibt, bei ihm gerade über dieses Medium anstatt z. B. schriftlich zu werben. Deshalb empfiehlt es sich, zuerst ein Werbeschreiben zu verfassen, das dann, z.B. unter Gewährleistung von bestimmten Vorteilen, vom Angeschriebenen die Einwilligung zum Anruf auf einem Coupon fordert. Dieses Werbeschreiben sollte, um beim Kontaktierten größtmögliches Interesse zu wecken, speziell auf ihn abgestimmt sein und bereits einige persönliche Motive ansprechen oder persönliche Vorteile signalisieren (vgl. Bänsch (2006), S. 48).

2.2 Vorfassen mit Briefen

Der soeben dargestellte Vorteil der rechtlichen Absicherung, der durch die Zusendung eines Briefes entsteht, erstreckt sich auch auf die wirtschaftliche Ebene. Wie der nachfolgenden Tabelle zu entnehmen ist, die auf einer Befragung von 100 Vertriebsführungskräften zum Erfolgspotenzial von Erstkontakten beruht, erhöht ein Brief bzw. Fax vor dem Telefongespräch die Erfolgschancen eines Kontaktversuches beträchtlich (vgl. Behle / vom Hofe (2006), S. 351).

Erfolgreiche Erstkontakte – Nennung der drei erfolgreichsten Wege	
Senden, beziehungsweise Faxen eines Briefes, worauf ein Anruf folgt	86%
Empfehlungen von anderen Kunden	37%
Kaltanrufe	26%
Kaltbesuche	16%
Kreativität (z.B. Telegramm, in dem um einen Termin gebeten wird; ungewöhnliche Direktmailing-Aktionen)	5%

Tabelle 8: Erfolgreiche Erstkontakte

Damit Ihre Briefe die gewünschte Wirkung beim Kunden entfalten, sollten Sie beim Verfassen einige wichtige Regeln beachten (vgl. Altmann (2006), S. 54ff):

- Sprechen Sie den Leser persönlich an!
- Stellen Sie dem Leser bereits in den ersten drei Zeilen (also ungefähr innerhalb der ersten 20 Sekunden) einen spezifischen Vorteil vor!
- Verknüpfen Sie Ihre Gedanken logisch!
- Setzen Sie gezielt Verstärker ein, d.h. verwenden Sie positive Wörter, die beim Lesen angenehme Assoziationen auslösen (z.B. Profit, Spaß, Erfolg, Vorteil, Gewinn)!
- Vermeiden Sie gleichermaßen Filter, also negative Wörter, die unangenehme Assoziationen auslösen (wie z.B. Kosten, Gefahr, Risiko)!
- Achten Sie auch auf eine fehlerfreie Umsetzung und ein ansprechendes Format!

- Passen Sie Ihren Schreibstil der Zielgruppe an!
- Verwenden Sie Zahlen zur Untermauerung von Behauptungen!
- Verwenden Sie Bilder, wenn passendes Material in guter Qualität vorliegt!
- Machen Sie nur Versprechungen, die Sie und Ihr Produkt in der Folge auch halten können!
- Unterschreiben Sie den Brief persönlich mit Vor- und Zunamen!
- Verwenden Sie eine Postskriptum-Zeile, in der Sie dem Kunden einen besonderen Anreiz zum Kontakt geben, da der letzte Input besonders gut im Gedächtnis bleibt!
- Legen Sie keine standardisierten Broschüren oder ähnliches Informationsmaterial bei!

Es ist besonders wichtig, dass Sie sich beim Aufbau der Argumentationsstruktur des Briefes ihr Ziel stets klar vor Augen halten: Das Telefongespräch mit dem Kunden. Im Telefongespräch wird dieses Ziel dann durch das Zustandekommen eines festen, persönlichen Gesprächstermins ersetzt. Sowohl der Brief als auch das Telefonat haben also noch nicht den eigentlichen Verkauf als Ziel, was es für Sie leichter macht, mit Ihren Argumenten konkrete Zwischenziele anzusteuern. Deshalb sollten Sie auch nicht den Fehler begehen und bereits im Brief zu viele Ihrer Verkaufsargumente nennen, die für Sie später, besonders im persönlichen Gespräch, wichtige Überzeugungsarbeit leisten können. Behalten Sie sich immer wesentliche Trümpfe in der Hinterhand. Weisen Sie dem Kunden deshalb ein oder höchstens zwei personalisierte Vorteile Ihres Produktes auf und wecken Sie dadurch sein Interesse für ein Telefonat. Um dieses Interesse lebendig zu halten, sollten Sie zwischen dem Brief und dem Telefonat nicht zu viel Zeit verstreichen lassen, was Sie dadurch absichern können, dass Sie nur so viele Briefe versenden, wie sie in den nächsten drei bis fünf Tagen telefonisch nacharbeiten können (vgl. Behle / vom Hofe (2006), S. 352).

2.3 Telefonakquisitionen

Im Optimalfall folgt einige Tage nach Eintreffen des Briefes Ihre Telefonakquisition. Diese wird hier zur besseren Übersicht in acht Phasen eingeteilt (siehe Abbildung 6), während denen Sie ständig das Ziel der Vereinbarung eines festen Gesprächstermins mit dem Kunden vor Augen haben sollten (vgl. Limbeck (2005), S. 69ff):

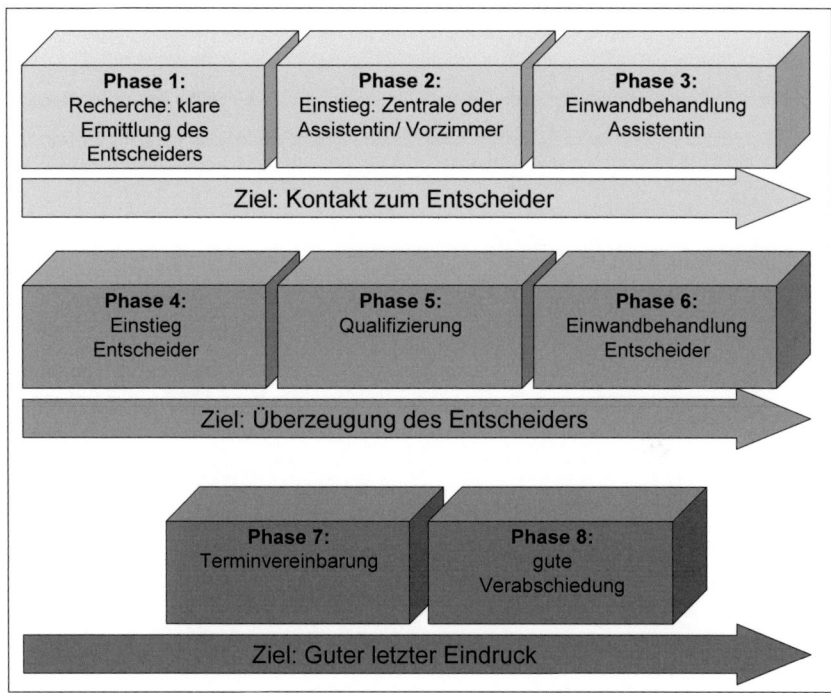

Abbildung 6: Phasen und Ziele der Telefonakquisition

Phase 1: Klare Ermittlung des Entscheiders

Diese Ermittlung sollte, falls Sie sich für das Verfassen eines Briefes entscheiden, bereits vor dem Abfassen stattfinden, damit Ihr Brief bereits so persönlich wie möglich gestaltet werden kann. Sie sollten für Ihre Recherche auf Ihnen bekannte Personen, das Internet und telefonische Erkundigungen zurückgreifen. Dabei ist zu beachten, dass es, falls möglich, immer besser ist, auf einer höheren Hierarchieebene im Unternehmen einzusteigen. Falls der Vorgesetzte sich mit einem bestimmten Anliegen dann doch nicht selbst befasst, wird er Sie sicher an einen zuständigen Mitarbeiter empfehlen. Dieser wird Ihnen im Normalfall umso genauer zuhören, da es sich um eine Anweisung durch seinen Vorgesetzten handelt.

Phase 2: Einstieg: Zentrale oder Assistentin / Vorzimmer

Falls Sie den zuständigen Entscheider bereits ermitteln konnten, verlangen Sie direkt nach ihm. Falls es Ihnen im Vorfeld nicht gelang, diesen zu identifizieren, müssen Sie diese Phase bereits sehr gezielt kontrollieren. Am besten steigen Sie dazu mit einer einfachen Frage ein: „Könnten Sie mir bitte weiterhelfen: Wer ist denn heute Mittag noch von der Geschäftsleitung im Haus?". Entweder Sie erhalten einen konkreten Namen, oder eine von zwei weiteren möglichen Antworten, auf die Sie nach folgendem Schema reagieren sollten (vgl. Limbeck (2005), S. 70f):

Ermitteln eines Entscheiders am Telefon		
	Alternative 1	Alternative 2
Zentrale:	„Alle!"	„Keiner!"
Verkäufer:	„Wer sind denn alle?"	„Prima, dass Sie mir das so direkt sagen! Wann erreiche ich denn wieder jemanden?"
Zentrale:	„Frau ... und Herr ..."	„Nächste Woche Freitag."
Verkäufer:	„Und wer von den beiden beschäftigt sich mit ...?"	„Und wen erreiche ich da?"
Zentrale:	„Herr ..."	„Herrn ..."
Verkäufer:	„Und wie heißt Herr ... mit Vornamen?"	„Und wie heißt Herr ... mit Vornamen?"
Zentrale:	„..."	„..."
Verkäufer:	„Dann verbinden Sie mich bitte mit Herrn ..."	„Geben Sie mir bitte noch einen Tipp? Wann erreiche ich Herrn ... denn am Freitag?"
Zentrale:		„Gegen 10:30 Uhr."
Verkäufer:		„Wie ist denn die Durchwahl von Herrn ...?"
Zentrale:		„..."
Verkäufer:		„Haben Sie vielen Dank für Ihre Hilfe. Ich melde mich dann nächste Woche Freitag wieder. Einen schönen Tag noch."

Tabelle 9: Ermitteln eines Entscheiders am Telefon

Phase 3: Einwandbehandlung Assistentin

Natürlich kann es auch passieren, dass die Assistentin Sie nicht weiterleiten wird, bzw. Ihnen den Namen und die Durchwahl nicht sagen wird, bevor Sie ihr das Anliegen Ihres Anrufes nicht näher dargestellt haben. In diesem Fall sollten Sie den Brief erwähnen, den Sie bereits gesandt haben oder Sie auf den konkreten Nutzen für ihren Vorgesetzten aufmerksam machen. Werden Sie dabei so konkret wie möglich und verwenden Sie an dieser Stelle auch die eingeholten Referenzen, falls diese der Assistentin etwas sagen sollten.

Phase 4: Einstieg Entscheider

Ihre Aufgabe für den Gesprächseinstieg beim Entscheider ist die Erlangung seines Interesses binnen der ersten 30 Sekunden. Innerhalb dieser Zeit sollte es Ihnen gelingen, sich und Ihre Firma kurz vorzustellen, den Zweck Ihres Anrufes zu nennen und dem Kunden einen Vorteil oder eine Problemlösung anzubieten. Je kundenspezifischer Sie diesen Vorteil mit Verstärkern wie Gewinn, Ertrag, Steigerung ausbauen können, desto mehr Aufmerksamkeit werden Sie damit erregen können. Auch eine Erwähnung Ihres Briefes sollte Ihnen den Einstieg erleichtern. Hierbei müssen Sie jedoch immer auch davon ausgehen, dass Ihr Brief nicht oder nur oberflächlich gelesen wurde. Abschließend können Sie Ihren Einstieg mit einer Frage abrunden, die die Aufmerksamkeit des Kunden bündelt.

Beispiel für den Einstieg beim Entscheider

Verkäufer: „Guten Tag Herr Kunde, mein Name ist ... von der Firma ..., die sich auf ... spezialisiert hat. Ich hoffe, dass Sie meinen Brief erhalten haben. (Unabhängig von der Reaktion fahren Sie fort:) Unsere Software wurde entwickelt, um die Produktivität Ihrer Mitarbeiter zu steigern. Bei anderen Firmen konnten wir nach der Einführung eine Steigerung von bis zu 15% erreichen. Wären Sie an einer derartigen Produktivitätssteigerung interessiert?"

Phase 5: Qualifizierung

Die Qualifizierung dient Ihnen dazu, herauszufinden, ob es sich für Sie lohnen wird, weitere Zeit und Mühen in den Kunden zu investieren. Natürlich sollten Sie anfangs immer versuchen, eine Geschäftsaktivität mit jedem verfügbaren Kunden aufzunehmen. Wenn diesem jedoch das Interesse, die Entscheidungsfähigkeit oder die Finanzkraft fehlen, führen weitere Bemühungen nur zum Verlust von wertvollen Ressourcen bei Ihnen und beim Kunden. Sie sollten also eine eindeutige Qualifizierung vornehmen, bevor Sie in die Einwandbehandlung einsteigen und nur bei einer positiven Beantwortung der folgenden Fragen in dieser oder ähnlicher Form fortfahren (vgl. Behle / vom Hofe (2006), S. 362f):

Beispiel für eine Qualifizierung am Telefon

Verkäufer:

Interessenqualifizierung*: „Würden Sie sich gerne einmal unsere neuen leistungsstarken und hochqualitativen Laserschweißgeräte anschauen?"*

Entscheidungsqualifizierung*: „Angenommen Sie sind von der Qualität der neuen Geräte überzeugt, können Sie dann alleine eine Entscheidung treffen oder sind andere Personen daran beteiligt?"*

Finanzqualifizierung*: „Die Leasingrate für das Gerät Z beträt ca. … Euro im Monat. Wenn Sie von der gesteigerten Ausbringungsmenge überzeugt wären, würde das in Ihr Budget passen?"*

Phase 6: Einwandbehandlung Entscheider

Generell sollten Sie bei der Einwandbehandlung am Telefon, wie auch später im Verkaufsgespräch (siehe Kapitel B 7), immer ruhig und sachlich bleiben und versuchen aufkommende Streitgespräche zu vermeiden. Bei der Beantwortung der Einwände sollten Sie stets daran denken, dass Ihr Ziel die Terminvereinbarung und nicht der Verkauf sein muss. So lassen sich z.B. Einwände wie „Das ist mir zu ungenau." geschickt auf den Vorschlag umleiten, dass Sie nähere Informationen sicher besser bei einem persönlichen Gespräch vermitteln könnten. Auf die häufigsten Arten von Einwänden und Versuche, Sie abzuweisen, sollten Sie sich generell vorbereiten, um in der hitzigen Situation nicht ins Stocken zu geraten.

Beispiele für Einwandbehandlungen

Kunde: „Ich habe keine Zeit!"

Verkäufer: „Das kann ich gut verstehen, Herr Kunde. Wann ist denn für Sie ein geeigneter Zeitpunkt für das wichtige Gespräch?"

Kunde: „Ich habe kein Geld!"

Verkäufer: „Herr Kunde, dann ist das Ziel unseres Gesprächs, einen Weg zur Steigerung Ihres Gewinns zu finden. Unsere Finanzierungsmöglichkeiten helfen Ihnen dabei, die Zahlungen direkt durch die aus der Investition entstehenden Gewinne zu decken. Mein Terminvorschlag wäre..."

Kunde: „Ich muss mir das Ganze überlegen!"

Verkäufer: „Selbstverständlich, Herr Kunde, das kann ich gut verstehen. Ich würde Ihnen aber gerne alle notwendigen Informationen geben, damit Sie Ihre Entscheidung dann umso fundierter treffen können. Mein Terminvorschlag wäre..."

Kunde: „Schicken Sie mir die Unterlagen!"

Verkäufer: „Es freut mich, dass Sie Interesse an dem Thema haben. Ich würde die Unterlagen gerne zusammen mit Ihnen durchgehen um Ihnen die wichtigsten Informationen zu vermitteln, was Ihnen viel Zeit ersparen wird. Mein Vorschlag für einen persönlichen Gesprächstermin wäre der ..."

Kunde: „Sie wollen mir sowieso nur etwas verkaufen!"

Verkäufer: „Das sehen Sie absolut richtig, Herr Kunde. Ich will Ihnen etwas verkaufen, das Sie benötigen und das Ihnen bei Ihren Problemen helfen wird. Am Ende werden wir beide von der Geschäftsbeziehung profitieren. Ich versuche nicht sie zu überreden, sondern Sie von den Vorteilen einer lang anhaltenden Geschäftsbeziehung zu überzeugen. Mein Terminvorschlag wäre der ..."

Phase 7: Terminvereinbarung

Falls Sie es nicht geschafft haben, einen Einwand des Kunden in einen Terminvorschlag umzulenken, dann empfiehlt es sich, die ABC-Formel anzuwenden:

- **A**(ktion): Bewegen Sie den Kunden zu einer Aktion
- **B**(onus): Bieten Sie dem Kunden einen Vorteil oder Nutzen an
- **C**(ommitment): Verpflichten Sie den Kunden zu einem Termin

Für den Fall, dass sich eine Anwendung der ABC-Formel nicht anbietet, und Sie nur nach einem Termin fragen, sollten Sie folgende drei Ratschläge unbedingt berücksichtigen:

- Geben Sie Terminvorschläge mit ungeraden Zeiten (beispielsweise 17:40), da diese dem Kunden besser im Gedächtnis bleiben und aufzeigen, dass Sie eine straffe Zeitplanung führen.
- Halten Sie immer mehrere mögliche Termine als Vorschläge parat
- Verwenden Sie genau definierte Zeitangaben wie 7-8 Minuten, da diese vertrauenswürdiger als „ca. X" erscheinen.

Phase 8: Gute Verabschiedung

Um den vereinbarten Termin abzusichern, sollten Sie diesen am Ende des Telefonates mit genauer Uhrzeit, Datum, Adresse (mit Raum) und Beteiligten wiederholen. So beugen Sie eventuellen Missverständnissen vor und zeigen dem Kunden gleichzeitig auf, dass Ihnen der Termin viel bedeutet. Wenn Sie dem Kunden nun noch eine Telefonnummer mitteilen, unter der er Sie bei Änderungen erreichen kann und sich freundlich empfehlen, dann ist die gute Verabschiedung erfolgreich abgeschlossen.

2.4   Kaltbesuche

Kaltbesuche sind aufgrund Ihrer geringen Erfolgswahrscheinlichkeit (siehe Tabelle 8) und durch die Gefahr einer persönlichen Abweisung bei vielen Verkäufern sehr unbeliebt. Bedenken Sie aber, dass zu einem Geschäftspartner, der auf diese Weise gefunden wird, eine noch intensivere Beziehung entstehen kann, da Sie eine besondere Situation verbindet. Außerdem können Sie Leerzeiten, falls Termine ausfallen oder kürzer als geplant andauern, sinnvoll füllen. Damit ein Kaltbesuch zu einem Erfolg wird, sollten Sie folgende Anregungen beachten (vgl. Altmann (2006), S. 67):

- Ihre eigene Einstellung spielt bei Kaltbesuchen eine enorm große Rolle: Sie sollten diese Besuche überhaupt nur dann durchführen, wenn Sie eine besondere Motivation und Lust auf neue Kunden verspüren und sich auch in der Lage sehen, diese Stimmung zu transportieren. Eine kleine Geschichte hilft Ihnen vielleicht dabei, sich in die richtige Laune zu versetzen: „Stellen sie sich einfach vor, Sie hätten auf der Straße eine Brieftasche mit 1.000,- € gefunden. Stellen Sie sich dann vor, wie Sie in das Büro des Eigentümers eintreten würden, um sie zurückzugeben!" (Bänsch (2006), S. 54)

- Versuchen Sie in kleinen und mittleren Unternehmen immer mit dem Chef und in größeren Firmen mit dem zuständigen Entscheider sprechen zu können.

- Versuchen Sie, genau wie in der Telefonakquisition, innerhalb der ersten 30 Sekunden die wichtigsten Informationen zu nennen und das Interesse des Kunden zu wecken.

- Fragen Sie den Kunden nach Problemen mit seinen bisherigen Lieferanten und versuchen Sie ihm trotzdem klar zu machen, dass Sie diese keineswegs ersetzten, sondern nur ergänzen wollen. Dieses Vorgehen ist zu empfehlen, da kein Mensch aggressives Vorgehen als positiv einstuft und Sie deswegen mit deutlicheren Aussagen zu Beginn beim Kunden unterbewusste, negative Gefühle verursachen könnten.

- Seien Sie höflich, aber trotzdem hartnäckig bei anfänglicher Ablehnung.

- Beenden Sie auch ein erfolgloses Gespräch freundlich und verständnisvoll, um sich weitere Geschäftsaktivitäten mit dem Kunden offen zu halten.

2.5 Checkliste für zielführende Kontaktaktivitäten

Sie haben...	Antworten	
	Ja	Nein
1. den Entscheider ermittelt, mit dem Sie verhandeln möchten?	☐	☐
2. diesem Entscheider einen individuell gestalteten Brief zugesandt?	☐	☐
3. mit Ihrem Telefonat zeitnah nach der Zusendung des Briefes angeknüpft?	☐	☐
4. die Barrieren auf dem Weg zum Entscheider am Telefon souverän überwunden?	☐	☐
5. den Entscheider qualifiziert und für passend befunden?	☐	☐
6. die Einwände des Entscheiders ausgeräumt?	☐	☐
7. einen Termin mit dem Entscheider vereinbart?	☐	☐
8. dieses Vorgehen durch Wiederholung perfektioniert und wichtige Lehren gezogen?	☐	☐
9. Kaltbesuche für entstehende offene Zeiten als Alternative eingeplant?	☐	☐
10. erfolgreich einige Kaltbesuche abgeschlossen?	☐	☐

Tabelle 10: Checkliste für zielführende Kontaktaktivitäten

3. Begrüßung

Der Wiener Zivilrechtler Professor Johann Schima war ein Mann von ausgeprägter Pflichtbewusstheit, der es aber stets eilig hatte. So kam es, dass er eines Tages eine Assistentin mit den Worten begrüßte: „Guten Morgen! Leider habe ich keine Zeit Sie zu fragen, wie es ihnen geht!"

Gottfried Heindl, deutscher Publizist

Die ersten Sekunden des Treffens und der Gesprächseinstieg sind entscheidende Momente für den Verlauf der gesamten weiteren Verhandlungen. Jeder Mensch bildet sich innerhalb von wenigen Sekunden einen ersten Eindruck, der dann alle zukünftigen Eindrücke bestimmt. Sowohl Ihr Erscheinungsbild als auch die ersten verbalen und nonverbalen Interaktionen, die zwischen Ihnen und Ihrem Kunden stattfinden, können unmöglich mit zu viel Bedeutung belegt werden und müssen unbedingt professionell gemeistert werden.

Gelegentlich treffen Sie den Kunden in einer ungünstigen Situation an, beispielsweise in einer Situation, in der der Kunde durch extremen Zeitdruck, oder auch situationsbedingte schlechte Laune für Verhandlungen nicht aufgeschlossen scheint. In diesem Fall ist es empfehlenswerter, eine Verschiebung des Gespräches anzubieten, oder im Zweifelsfall lieber ganz auf das Gespräch zu verzichten, als unter solch schlechten Rahmenbedingungen zu starten. Bevor Sie das Risiko eingehen, durch ein Gespräch, das einen negativen Eindruck hinterlässt, jede weitere Möglichkeit der Interaktion mit dem Kunden zu Nichte zu machen, sollten Sie lieber auf den Termin verzichten, und ein anderes Treffen vereinbaren.

3.1 Kommunikationsanalyse

Um einschätzen zu können, wie man sowohl während der Begrüßung, als auch während des gesamten Gesprächs, einen möglichst positiven Eindruck hinterlassen kann, sollte man zunächst den grundsätzlichen Aufbau der menschlichen Kommunikation betrachten.

Die menschliche Kommunikation lässt sich recht eindeutig in die zwei Ebenen der verbalen und der nonverbalen Kommunikation einteilen. Bei genauerer Betrachtung wird aber deutlich, dass diese Ebenen voneinander abhängen und aufeinander einwirken (vgl. Graumann (1972), S. 1180):

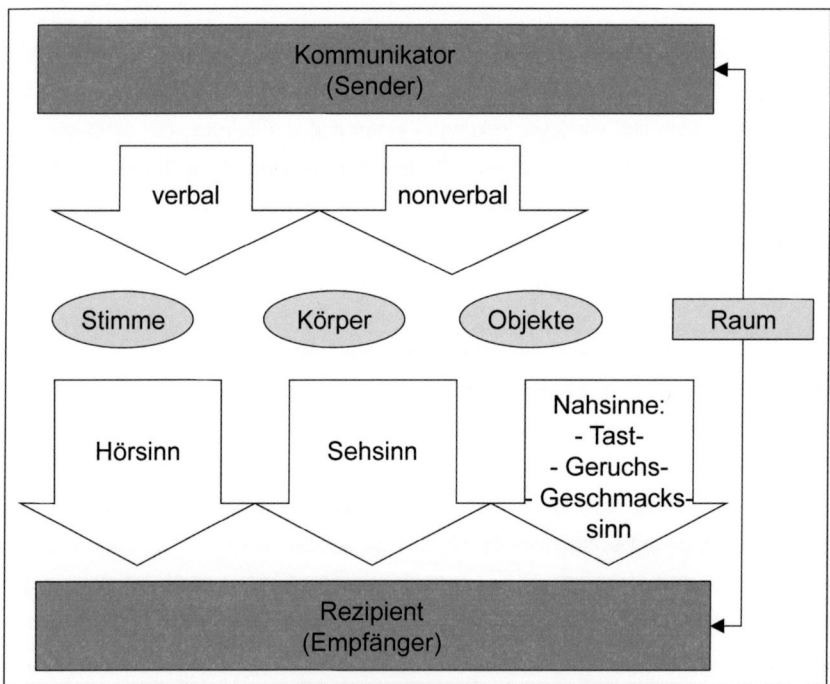

Abbildung 7: Modell der menschlichen Kommunikation

Für Sie ist es besonders wichtig, die Inhalte der verbalen und nonverbalen Kommunikation so abzustimmen, dass beim Kunden keine Widersprüche entstehen (vgl. Bänsch (2006), S. 7).

Bevor näher auf die Gestaltung der beiden Ebenen durch Sie eingegangen wird, muss noch verdeutlich werden, welchen Einfluss die Art der Kommunikation auf die transportierte Glaubwürdigkeit einer Person hat (siehe Abbildung 8). Nur 7 Prozent der empfundenen Glaubwürdigkeit setzt sich aus den Inhalten („Was?") der Kommunikation zusammen, während 93 Prozent durch die Präsentation („Wie?") bestimmt werden. Die Körpersprache hat bei der Präsentation mit 55 Prozent wiederum einen stärkeren Einfluss als die Stimme mit 38 Prozent (vgl. Katzengruber (2006), S. 51).

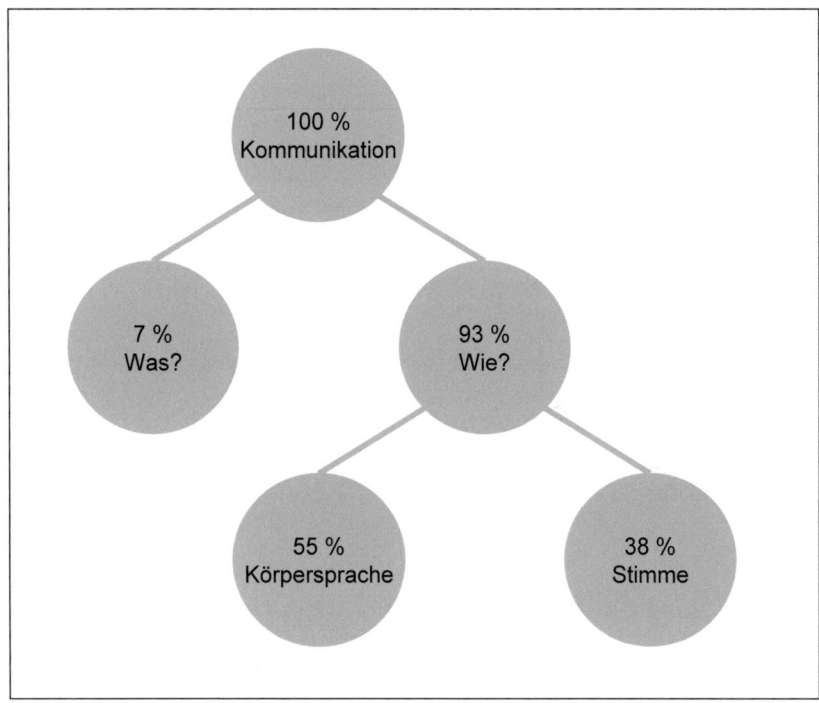

Abbildung 8: Einfluss der Kommunikation auf die Glaubwürdigkeit

3.2 Verbale Kommunikation

Die Ebene der verbalen Kommunikation wird wohl in den meisten Fällen den Hauptteil der Interaktion zwischen Ihnen und dem Kunden ausmachen. Hier liegt für Sie also die beste Möglichkeit, den Kunden positiv zu stimmen und ihm gleichzeitig die notwendigen Informationen zu vermitteln. Aber hier liegt auch das größte Risiko, da bei einer schlechten sprachlichen Kommunikation die Inhalte bedeutungslos werden.

Deshalb sollten einige wissenschaftlich belegte Grundsätze zur Verbesserung der Kommunikation jedem Verkäufer bekannt sein (vgl. Bänsch (2006), S. 7):

- Um das Verständnis beim Empfänger zu maximieren, sollte der Sender an Stelle von Nomen besser Substantive und Adjektive verwenden, wobei durch Substantive mehr Präzision und somit Glaubwürdigkeit vermittelt wird.

Beispiel für die Verwendung von Substantiven und Adjektiven

Falsche Formulierung: „Dieses Gerät hat eine hohe Bedienfreundlichkeit."

Richtige Formulierung: „Dieses Gerät können Sie ganz leicht bedienen."

- Fremdwörter sollten von Ihnen nur punktuell verwendet werden und dem Kunden, falls nötig, erklärt werden, da diese das Verständnis erschweren. Auch sind möglichst kurze Worte der klaren Kommunikation förderlich, da die Verständlichkeit mit zunehmender Silbenzahl abnimmt.

Beispiel für die Vermeidung von Fremdwörtern und Verwendung kurzer Worte

Falsche Formulierung: „Die Abwärtskompatibilität ist sehr hoch."

Richtige Formulierung: „Natürlich kann dieser DVD-Spieler auch CDs abspielen."

- Aktive Satzkonstruktionen werden wesentlich schneller aufgenommen als passive und positiver Satzbau ist wesentlich einprägsamer als ein Negativer.

Beispiel für die Verwendung von aktiven, positiven Satzkonstruktionen

Falsche Formulierung: „Eine Verwendung des Gerätes bei Dunkelheit ist nicht anzuraten.

Richtige Formulierung: „Bitte verwenden Sie das Gerät nur bei guter Beleuchtung."

- Kurze und prägnante Sätze führen zu einem höheren Maß an Verständlichkeit als lange und ausschweifende Sätze.

Natürlich muss je nach Ebene der Verhandlungen nicht nur die Verständlichkeit des Gesagten beachtet werden. Durch einen hohen Grad an Komplexität von Aussagen wird ihrem Rezipienten auch automatisch mehr Kompetenz und somit Glaubwürdigkeit beigemessen. Längerfristig wird es den Geschäftsbeziehungen allerdings deutlich förderlicher sein, wenn eher auf Verständlichkeit auf hohem Niveau, als auf prestigeträchtige Worthüllen ohne Inhalt gebaut wird. Letztendlich müssen Sie sich bei der Wahl des Sprachniveaus auf Ihre persönliche Einschätzung der Situation verlassen.

Auch paralinguistische Faktoren, wie z.B. Gestik, Mimik, Sprechtempo und -intensität, dürfen von Ihnen nicht dem Zufall überlassen werden, sondern müssen aktiv gestaltet werden. Mimik und Gestik fallen dabei natürlich in den Bereich der nonverbalen Kommunikation, werden hier aber aus Gründen der Übersichtlichkeit mit den anderen paralinguistischen Faktoren behandelt (vgl. Ruede-Wissmann (1989), S. 161).

Bei Ihrer Gestik sollten Sie darauf achten, dass Sie grundsätzlich den sprachlichen Aussagen vorausgehen und nicht folgen sollte. Natürlich sollten sie während der linguistischen Information dann synchron, immer in Abstimmung der Aussagen, weitergeführt werden. Untersuchungen haben ergeben, dass Gesten mit zwei Händen meist als doppelt so ausdrucksstark wahrgenommen werden. Nutzen Sie diese Erkenntnis, um relevante Informationen zu unterstützen. Aber denken Sie auch daran, dass diese Wirkung verblasst, wenn Sie zu viele Informationen in dieser Ausprägung unterstützen, da Ihre Glaubwürdigkeit mit zu viel Bewegung schwindet.

Die Mimik sollte natürlich immer in Abstimmung mit der Gestik gewählt werden, aber generell ist ein natürliches Lächeln in Ihrem Gesicht jeder positiven Entwicklung einer Verhandlung zuträglich. Unbedingt zu vermeiden sind sowohl ein subtiles Dauergrinsen als auch ein steinernes Poker-Face. Auch hier gilt der goldene Mittelweg als ideal.

Bei der Sprechintensität müssen Sie unter anderem darauf achten, weder zu laut, noch zu leise zu reden, da die Überzeugungskraft bei zu niedriger und zu hoher Lautstärke deutlich abnimmt. Auch auf das erzeugte Charakterbild hat der Sprachstil eine deutliche Auswirkung: Lauter Stil Ihrerseits führt zu Submissionseindrücken (Gefühlen der Unterlegenheit / Unterordnung) wogegen leiser Stil Dominanzgefühle (Gefühle der Überlegenheit) beim Kunden auslöst (vgl. Engels / Timaeus (1983), S. 381).

Beim Verfassen von Schriftstücken, also dem Sonderbereich der geschriebenen Sprache, ist besonders darauf zu achten, dass fette Schrift Erkennbarkeit aus großer Entfernung garantiert, aber einer halbfetten Schrift in Lesbarkeit unterlegen ist. Auf Kursiv- und Negativschriften (weiße Schrift auf schwarzem Grund) sollte wegen ihrer deutlichen Verschlechterung der Lesbarkeit ganz verzichtet werden (vgl. Teigler (1968), S. 90ff).

3.3   Nonverbale Kommunikation

Die Elemente der nonverbalen Kommunikation sind der Raum, die Objekte im Raum und die Körper der Interaktionspartner. Auf die bestmögliche Ausgestaltung des Raumes und der Objekte im Raum wurde in Kap. B 1.7 bereits detailliert eingegangen, da diese schon im Vorfeld der Verhandlungen aktiv gestaltet werden sollten.

In den ersten Sekunden der Verhandlung, die von enormer Bedeutung sind, da sich der Kunde hier den ersten Eindruck von Ihnen bildet und dieser unterbewusst stärker wiegt, als jeder Weitere, nimmt der Kunde verstärkt Ihre Körpersprache, Mimik und Gestik und vor allem auch ihr äußeres Erscheinungsbild wahr. Deshalb sollten Sie einige Anregungen beachten, die Ihnen helfen werden, korrekt und stilsicher aufzutreten. Es folgen nun Tabellen mit Tipps für weibliche und männliche Verkäufer und eine Tabelle für allgemeine Tipps (vgl. Scherer (2006), S. 42ff):

Tipps für das äußere Erscheinungsbild von weiblichen Verkäufern	
Schuhe:	- Farblich passend – keine extremen Farben - Nicht zu flach und nicht zu hochhackig - Gepflegt, nicht abgetreten, Absatz in Ordnung
Strümpfe:	- Farblich passend - Keine dunklen Strümpfe zu hellen Schuhen - Keine Muster, tagsüber nicht zu glänzend - Keine Kniestrümpfe zu Röcken - Keine Laufmaschen – Reservepaar bereithalten - Auch im Sommer Strümpfe zu klassischen Kostümen / Röcken tragen
Businesskleidung:	- Kostüm - Eleganter, femininer Hosenanzug - Kleider in dezenten Farben / Mustern, Etuikleid mit Blazer - Hose oder Rock mit Blazer oder Jacke - Dazu elegante Bodys und T-Shirts, schlichte Blusen, Twinsets
Passform:	- Rocklänge nicht zu kurz - Ärmel nicht zu lang - Richtige Größe – körpernah, aber nicht zu eng - Nicht zu tief dekolletiert
Handtasche:	- Dezent – weniger ist mehr
Schmuck:	- Keine zu großen Hängeohrringe, da ablenkend - Nicht an jedem Finger ein Ring - Keine Fußketten, Billigschmuck, Imitationen - Modeschmuck sollte als solcher erkennbar sein
Make-up:	- Dezent, zum Typ und zur Kleidung passend – weniger ist mehr, bei Tageslicht schminken - Keine Ränder auf der Kleidung - Dezenter Nagellack – darf nicht abgeplatzt sein
Körperhaare:	- Haare entfernen – Gesicht, Achseln, Beine

Frisur:	- Guter und sichtbarer Haarschnitt
	- Dezente Haaraccessoires
	- Kein nachwachsender Haaransatz bei Dauerwelle,
	Strähnen und Farben sichtbar
Fettnäpfchen:	- Glitzerteile, Latex
	- Spaghettiträger
	- Nappalederhose
	- Lange Schlitze
	- Rüschen
	- Durchsichtige Kleidung
	- Schulterfrei
	- Unordentlicher Saum
	- Laufmaschen

Tabelle 11: Tipps für das äußere Erscheinungsbild von weiblichen Verkäufern

Tipps für das äußere Erscheinungsbild von männlichen Verkäufern	
Schuhe:	- Dunkle Schuhe aus Glattleder mit Ledersohle
	- Schnürschuhe
	- Gepflegte, saubere und mit Schuhspannern gehaltene Schuhe
	- Abends nur schwarze Schuhe
Socken:	- Dunkler als die Hose
	- Einfarbig oder sehr dezent gemustert
	- Lang genug, um auch beim Sitzen die Beine zu verdecken
Hosenträger:	- Vorteilhaft bei korpulenteren Männern
	- Dezente Muster und Farben (keine Figuren o.ä.)
Gürtel:	- Zu den Schuhen passend
	- Dezente, elegante Gürtelschnalle, nicht sportlich
Krawatte:	- Dezente Farben und Muster (auf Anzug, Hemd und Typ abgestimmt)
	- Länge: Spitze überdeckt genau den Knopf des Hosenbundes

	- Krawattenseide mit Verstärkung - Knoten: Four-in-Hand-Knoten oder Windsorknoten - Nach dem Tragen den Knoten vorsichtig öffnen und für Form ca. 36 Stunden eingerollt oder hängend ruhen lassen
Hemd:	- Dezente Farben und Muster - Dezente Knöpfe aus Perlmutt - Kragenweite so wählen, dass noch ein Finger Platz hat - Herausnehmbare Kragenstäbchen (für starke Kragenspitzen) - Kent-, Tab- oder Haifisch-Kragen
Schmuck:	- Maximal 2 Ringe – einschließlich Ehering - Uhr: Keine Imitationen oder zu sportliche Uhren - Keine sichtbaren Ketten, Armbänder, Ohrringe, Piercings oder Tätowierungen
Körperhaare:	- Gepflegte Rasur; wenn Bart, dann sehr gepflegt - Augenbrauen sollten nicht zusammenwachsen - Keine Haare, die aus Nase, Ohren oder Hemdkragen herauswachsen
Anzug:	- Zwei- oder dreiteilig - Dezente Farben / Muster (Grautöne, Schwarz, Blau, Braun) - Klassische Schnitte - Ärmellänge sollte Manschetten noch ca. 2 cm sichtbar lassen - Hosen sollten ca. 5 cm über dem Absatz beginnen
Fettnäpfchen:	- Weiße Socken - Abgescheuerte Hemdkragen und Halsausschnitte - Verknitterte Kleidung

Tabelle 12: Tipps für das äußere Erscheinungsbild von männlichen Verkäufern

Allgemeine Tipps für das äußere Erscheinungsbild von Verkäufern	
Kleidung:	- Marken- und Preisschilder entfernen - Keine Aufhängeschlaufen an Hosen und Röcken sichtbar - Gepflegt, gebügelt und ohne Flecken, nicht abgetragen
Körperpflege:	- Regelmäßige Körperpflege - Gutes Deo verwenden - Dezentes Eau de Toilette - Für frischen Atem sorgen – keinen Kaugummi
Hände:	- Saubere, gepflegte Fingernägel - Bei trockener Haut eincremen, keine rissige Nagelhaut
Gesicht:	- Gepflegte Haut - Nicht zu stark künstlich gebräunt
Frisur:	- Zum Typ passend - Erkennbarer Haarschnitt – kein Nackenflaum - Gepflegte, gewaschene Haare – keine Schuppen
Brille:	- Dezente Farben, nicht zu dominant - Gestell sollte auf Gesichtsform abgestimmt sein - Gläser entspiegelt, nicht getönt
Aktentasche:	- Sauber - Keine Lederimitation - Nicht zu voll
Schirm:	- Dunkle und dezente Farben - Keine auffälligen Werbeaufdrucke
Schreibgerät:	- Keine billigen Werbe-Kugelschreiber

Tabelle 13: Allgemeine Tipps für das äußere Erscheinungsbild von Verkäufern

3.4 Zusammenspiel und Rückkopplung

Neben den hier aufgeführten Ratschlägen zur sprachlichen und nichtsprachlichen Kommunikation sollten Sie des Weiteren beachten, dass sich für einen erfolgreichen Verhandlungsverlauf die beiden Ebenen immer decken müssen. So bewirken z.B. die Worte „Das ist sehr interessant." gepaart mit einem träumerischen Blick aus dem

Fenster beim Gesprächspartner wohl eher Verwunderung und Ungläubigkeit als eine positive Stimmung (vgl. Bänsch (2006), S. 16).

Ein weiteres wichtiges Element ist Ihre Rückkopplung auf die Aktionen und Bemerkungen des Kunden. Jeder Vortrag sollte mit Aussage, Mimik und Gestik gut abgestimmt sein. So können Sie z.b. schon aus dem Gesichtsausdruck des Kunden ablesen, ob dieser ihren Aussagen keinen Glauben schenkt (beispielsweise Hochziehen der Augenbraue) oder ob ihn das Gehörte erzürnt (beispielsweise Verengen der Augen), und versuchen, sofort darauf zu reagieren. Auch aus der Körperhaltung ihres Gegenübers im Vergleich zu Ihrer eigenen können Sie vieles ablesen: So zeigt identische / spiegelbildliche Körperhaltung, dass die Interaktion gut verläuft, wobei gegenläufige Körperhaltung oft Ablehnung ausdrückt (vgl. Bänsch (2006), S. 16).

3.5 Händedruck

Ein weiteres unabdingbares Element der Begrüßung im Geschäftsleben stellt der Händedruck dar. Hier sollte, auch für Frauen, der Grundsatz gelten, dass ein dynamischer und wohldosierter Händedruck, gepaart mit den Grußworten, einem Blick in die Augen und einem natürlichen Lächeln auf den Lippen, automatisch einen positiven und kompetenten Eindruck macht. Achten Sie besonders darauf, Ihren Händedruck an Ihr Gegenüber anzupassen – die Hand einer zierlichen Geschäftspartnerin sollte von Ihnen anders ergriffen werden, als die Hand eines durchtrainierten Mannes mit 120 Kg Körpergewicht. Ein lang anhaltender Händedruck gilt als besonders verbindend, aber natürlich sollten Sie auch hier wieder an der Reaktion Ihres Partners abschätzen, wie lange der Händedruck wirklich anhalten sollte.

Als Hilfsmittel zur Versinnbildlichung der Eigenschaften eines perfekten Händedruckes können Sie sich die **drei H's** vor Augen halten: Herz, Hirn und Hand. Das Herz steht für die Konzentration und Zuwendung, die Sie dem Kunden entgegenbringen sollten. Die Hirn-Symbolik verdeutlicht den Augenkontakt. Und die Hand erwidert den Händedruck des Kunden (vgl. Rentzsch (2001), S. 84).

3.6 Namen

Nennen Sie Ihren eigenen Namen klar und deutlich und achten Sie darauf, den Namen Ihres Geschäftspartners richtig zu verstehen und ihn sich sogleich einzuprägen. Falls Sie den Namen nicht richtig verstehen sollten, dann fragen Sie unbedingt nach. Der Kunde wird es Ihnen sicherlich nicht übel nehmen, sondern dies eher als Zeichen Ihres Interesses für Ihn aufnehmen. Sollten Sie den Namen auch beim zweiten Mal nicht einwandfrei verstehen, dann lassen Sie ihn sich buchstabieren. Falls Sie den Namen vor den Verhandlungen noch nicht in Erfahrung bringen konnten, sollten Sie diesen ohnehin niederschreiben, um ihn in einer Kundendatenbank zu erfassen, damit Sie auch für weitere Besuche optimal vorbereitet sind.

Auch auf die Nennung von Titeln wie „Dr." und „Professor" sollten Sie unbedingt achten, da dies den Respekt bekundet, den Sie der Person entgegenbringen. Ämter werden im Normalfall nicht mit dem Namen genannt. Für den Fall, dass Sie sich in der außergewöhnlichen Situation befinden, mit Personen adeliger Herkunft oder geistlichen Würdenträgern verhandeln zu dürfen, sollten Sie sich über die verpflichtenden und möglichen Anreden unbedingt vorher informieren (vgl. Ruede-Wissmann (1989), S. 154).

3.7 Checkliste für eine sympathische Begrüßung

Sie haben...	Antworten	
	Ja	Nein
1. sich durch ein korrektes Erscheinungsbild Selbstsicherheit für die Begrüßung verliehen?	☐	☐
2. den Gesprächspartner mit einem natürlichen Lächeln begrüßt?	☐	☐
3. Ihren Namen klar und deutlich genannt und auf das Verstehen und Merken des Namens Ihres Kunden geachtet?	☐	☐
4. einen dynamischen und kraftvollen Händedruck ausgeübt?	☐	☐
5. Verständlichkeit und Niveau Ihrer Aussagen abgestimmt?	☐	☐
6. Ihre Gestik Ihren Aussagen nachfolgen lassen?	☐	☐
7. Ihre Mimik auf den Kunden abgestimmt?	☐	☐
8. Ihre Mimik und Gestik vielleicht sogar vor dem Spiegel einmal geübt, um sich deren Überzeugungskraft zu versichern?	☐	☐
9. auf Äußerungen des Kunden reagiert und seine Aussagen niemals übergangen?	☐	☐
10. auch die körpersprachliche Reaktion des Kunden genau beobachtet?	☐	☐

Tabelle 14: Checkliste für eine sympathische Begrüßung

4. Beziehungsaufbau

> Die menschlichen Beziehungen zwischen zwei Geschäftspartnern bieten meiner Meinung nach weit mehr Gewähr für eine erfolgreiche Geschäftsverbindung, als etwa 150 schriftliche Vertragsseiten.
>
> Ion Tiriac (*1940), Sport-Manager rumänischer Herkunft

Die Beziehung zwischen Einkäufer und Verkäufer bildet ein vieldiskutiertes Element. So haben sich in Deutschland z.b. die Gesetze gegen Bestechung in den letzten Jahren deutlich verschärft und auch die Erteilung eines Auftrages zwischen „guten Freunden" ohne sachgemäße Prüfung aller Unterlagen und Bedingungen wird in den meisten Unternehmen inzwischen hart bestraft. Es ist also immer darauf zu achten, dass alle Beziehungsarbeit und –pflege in gesicherten legalen und moralischen Bahnen verläuft.

Natürlich weiß aber auch jeder Mensch, dass emotionale Faktoren in jeder Situation des Lebens eine bestimmende Rolle spielen. Des Weiteren belegen wissenschaftliche Studien, dass das menschliche Bewertungssystem auf Vergleichen und somit zwangsläufig auch auf Vorurteilen beruht, dass also ein Geschehnis niemals ohne Wertung und auch niemals vollkommen objektiv betrachtet wird. Aus diesem Grund ist es legitim davon auszugehen, dass die Beziehung eines jeden Verkäufers zu seinen Kunden zu jeder Zeit eine beachtliche Bedeutung einnimmt. Ein Verkäufer, der nicht gerne Beziehungen zu Menschen aufbaut und pflegt, schadet also im Endeffekt sich selbst und seinem Unternehmen.

4.1 Das Eisbergmodell

Das Eisbergmodell, das auf der 80/20-Regel des Pareto Prinzips und auf der allgemeinen Theorie der Persönlichkeit von Sigmund Freud beruht, ist eines der etabliertesten Modelle zur Darstellung der zwischenmenschlichen Kommunikation, wie sie auch in jeder Ihrer Verkaufsverhandlungen abläuft. Es besagt, dass der Großteil der menschlichen Kommunikation (nämlich 80 Prozent) vor- und unterbewusst stattfindet und nur ein sehr kleiner Teil (20 Prozent) offen kommuniziert und bewusst wahrgenommen wird (vgl. Zimbardo / Ruch (1974), S. 366):

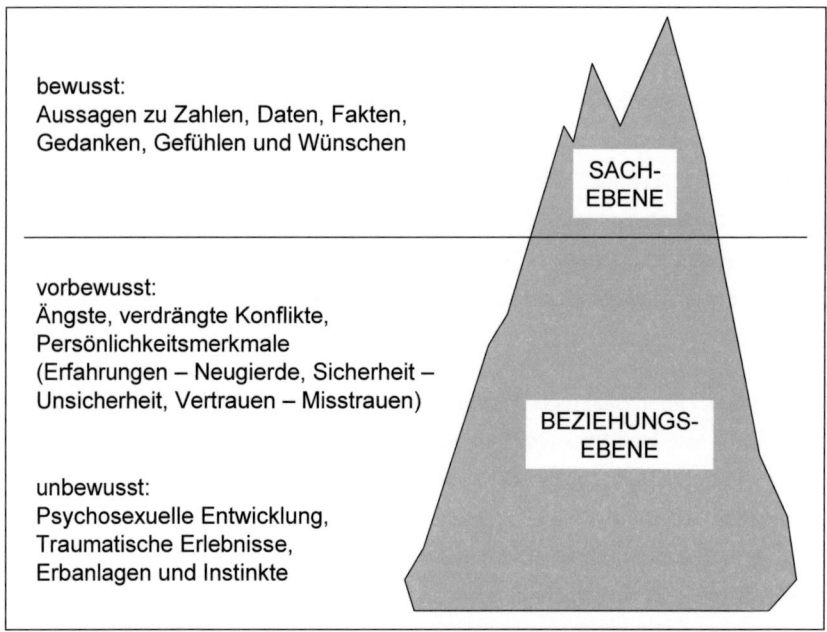

Abbildung 9: Das Eisbergmodell der menschlichen Kommunikation

Für Sie folgt aus diesen Erkenntnissen (siehe Abbildung 9), dass jeder Ihrer Verhandlungspartner bedeutend vielschichtiger ist, als Sie das aus seinen bloßen Aussagen entnehmen können. Seine vor- und unterbewussten Elemente werden vom ersten Moment der Kommunikation an auf Sie wirken. Auch hier hilft bei der Versinnbildlichung wieder das Eisbergmodell: Stellen Sie sich einfach zwei der oben abgebildeten Eisberge vor, die kollidieren. Dies wird auf Grund der Gegebenheiten immer zuerst unter der Wasseroberfläche, also auf der Beziehungsebene, der Fall sein.

4.2 Gesprächseröffnung

Im Bezug auf die Gesprächseröffnung finden sich zwei sehr ambivalente Meinungen in der Fachliteratur: So rät die eine Gruppe von Experten dazu, ein ausführliches Beziehungsgespräch mit dem Kunden abzuhalten, während die andere Gruppe empfiehlt, diesen Verhandlungsbestandteil entweder auf einen späteren Zeitpunkt zu verschieben oder ganz entfallen zu lassen. In der Folge werden beide Möglichkeiten der Gesprächseröffnung dargestellt und aufgezeigt, in welchen speziellen Situationen sie besonders zu empfehlen sind.

4.2.1 Ausführliches Beziehungsgespräch

Nach der Strategie des ausführlichen Beziehungsaufbaus soll im ersten Schritt eine freundschaftliche Atmosphäre mit dem Kunden geschaffen werden, um von dem endgültigen Zweck des Verkaufsgesprächs abzulenken. Der Kunde sollte nach dieser Vorgehensweise von Ihnen durch humorvolle und freundschaftliche Konversation und durch das Aufzeigen von Gemeinsamkeiten in eine positive Stimmungslage versetzt werden, welche höhere Kaufbereitschaft und größere Beeinflussbarkeit zur Folge hat. Ergebnisse wissenschaftlicher Studien, die belegen, dass eine positive Gemütslage des Kunden prozentual eine höhere Rate an Auftragserteilungen und eine höhere Gewinnspanne zur Folge hat, belegen die Vorteile dieser Taktik (vgl. Becker (2000), S. 61).

Falls Sie planen, das ausführliche Beziehungsgespräch aufzubauen, ist es für Sie besonders wichtig, ein Thema anzusprechen, von dem Sie wissen, dass sich der Kunde außerordentlich dafür interessiert. Hierfür benötigen Sie die Informationen aus der Vorbereitung (Siehe Kapitel B 1.6). Sie können auch immer aktuelle Themen aus der Wirtschaft, der Firma des Kunden oder Ihrer eigenen Firma wählen. Generell ist es jedoch förderlicher, wenn Sie es schaffen, dass Ihr Gesprächspartner von seinen Interessen und Errungenschaften erzählt. Jeder Mensch teilt einem interessierten Gegenüber gerne etwas von sich selbst mit, wenn er spürt, dass das Interesse ehrlicher Natur ist und nicht nur gespielt wird. Außerdem müssen Sie es schaffen, dass der Kunde zwar über sich selbst spricht, aber nicht mehr aus seiner Privatsphäre preisgeben muss, als ihm lieb ist. Speziell gemeinsame Bekannte, Wohnorte oder einfach nur Bemühungen werden dazu führen, dass ein Gefühl der Zugehörigkeit

hergestellt wird. Folgende Übersicht stellt mögliche Themengebiete zur Gesprächseröffnung dar (vgl. Behle / vom Hofe (2006), S. 136):

Möglichkeiten zum Aufbau eines Beziehungsgespräches

Allgemeines Markt- geschehen	Eigenes Angebot	Eigene Firma	Firma des Kunden	Persönli- ches Inte- resse des Einkäufers
- Berichte aus Fachzeitungen	- neue Produkte	- neue Werbe-	- betriebliche Ereignisse	- allgemeine Interessen
- Presseberichte	- Produktverbes- serungen	ergebnisse	- personelle	- Sport
- sonstige Wirtschafts-	- Produktände- rungen oder	- Tester- gebnisse	Veränderun- gen	- Autos
informationen	-ergänzungen	- Veröffentli-	- Fuhrpark	- Tiere
- wissenschaftli-	- Referenzen	chungen in	- Service	- Anekdoten
che Neuheiten	- besondere Ser-	Wirtschafts-	- Presse-	- Urlaub
- steuerrechtli-	viceleistungen	magazinen	berichte	- Welt-
che Tipps und	- Entwicklungs-	- neue Ser-	- Seminare	geschehen
Regelungen	ergebnisse	viceleistunge	- Messen	(unkriti-
- Umweltfragen	- Preis	n	- Ausstellun-	sches)
- gesetzliche	- neue Sicher-	- Gutachten	gen	- Vereine und
Bestimmungen	heitsfaktoren	- Forschungs-	- Veranstal-	Clubs
- Neuheiten	- Verarbeitungs-	ergebnisse	tungen	- Mode und
- Gutachten	standards	- Seminare	- Jubiläen	Schmuck
- Erfolgs-	- Materialverbes-	- Personal-	- Trends,	- Veranstal-
geschichten	serungen oder	änderungen	Tendenzen	tungen
des Kunden	-veränderungen	- besondere Aktionen	und Aussich- ten	

Tabelle 15: Möglichkeiten zum Aufbau eines Beziehungsgespräches

Diese Vorgehensweise ist sehr viel konservativer, besitzt aber psychologische Vorteile, falls Sie sich sicher sein können, dass auf der Seite des Kunden der Wille und die
Zeit für einen Beziehungsaufbau durch ein solches Gespräch besteht. Wichtig ist,
dass Sie es schaffen, ein für den Kunden relevantes und interessantes Thema zu

finden, um seine Aufmerksamkeit zu binden. Trotz der Tatsache, dass Sie nicht mit der Tür ins Haus fallen sollten, dürfen Sie bei der Beziehungsarbeit nicht konfus und unkoordiniert wirken. Sowohl zu lange Gesprächspausen, als auch Monologe Ihrerseits werden die Aufmerksamkeit des Kunden schwinden lassen und somit Ihren Beziehungsbonus wieder zunichte machen. Diese Methode empfiehlt sich also besonders, wenn Sie viele Informationen über den Kunden haben und / oder denken, dass auf menschlicher Ebene eine Harmonie entstehen kann.

4.2.2 Zielorientierte Gesprächseröffnung

Eine modernere und von der vorhergehenden Vorgehensweise absolut abweichende Strategie für die Gesprächseröffnung besteht darin, dem Kunden in einer offenen Art und Weise gleich zu Beginn der Verhandlung den Grund für den Besuch und die Ziele für das Gespräch zu nennen (vgl. Katzengruber (2006), S. 130):

Beispiel für eine zielorientierte Gesprächseröffnung

Verkäufer: „Guten Tag Herr Kunde. Mein Name ist Herbert Mustermann von der Firma Kopiererwelt.“

Kunde: „Guten Tag Herr Mustermann. Nehmen Sie bitte Platz.“

Verkäufer: „Herr Kunde, Ziel meines Besuches ist es, Sie und Ihr Unternehmen kennenzulernen. Mein Wunsch ist es, Sie als Kunden zu gewinnen.“

Kunde: „Ihre Offenheit überrascht mich. Ich finde es gut, dass Sie nicht mit dem Wetter angefangen haben. Ich habe allerdings schon einen Lieferanten für Drucker.“

Verkäufer: „Davon bin ich ausgegangen. Ein Unternehmen wie Ihres ist sicher ein sehr begehrter Kunde im Bereich der Hochleistungsdrucker. In diesem Bereich sind wir ein Unternehmen, das seit über 50 Jahren besteht und dem über 30% aller DAX-Unternehmen als langjährige Kunden vertrauen. Durch das Leasen von Druckern, die auf Ihre Bedürfnisse angepasst sind, halten Sie Ihr Kapital liquide und werden zudem jedes Jahr mit den neuesten Modellen ausgestattet.“

Kunde: „Ich habe schon von Kopiererwelt gehört. Mir wurde unter anderem erzählt, dass Sie am Markt sehr aggressiv agieren.“

Verkäufer: „Ich denke, dass aggressiv nicht das richtige Wort ist. Durch unser innovatives System und unseren verlässlichen Kundenservice konnten wir viele Kunden überzeugen."

Kunde: „Was ist Ihr innovatives System?"

Der Vorteil dieser Strategie liegt sicher in der Vertrauenswürdigkeit und Kompetenz, die ein Verkäufer ausstrahlt, der so ehrlich und direkt in eine Verhandlung einsteigt. In manchen Fällen wird sich nach einem solchen Einstieg ein besseres Beziehungsgespräch aufbauen, als dies anfangs der Fall gewesen wäre. Sicher hatten Sie auch schon eine Verhandlung mit einem Partner, der einfach nicht „warm" geworden ist. Sie werden sehen, dass gerade solche Kunden, die von Zweifeln und / oder Ängsten bestimmt sind, durch diese Taktik Vertrauen zu Ihnen gewinnen werden. Professionelle Einkäufer und Kunden mit extrem wenig Zeit werden Ihnen außerdem besondere Kompetenz zusprechen, wenn Sie den für diese Gruppe eigentlich obligatorischen Smalltalk überspringen.

4.3 Standardfloskeln

Egal ob Sie sich für den Einstieg über ein ausführliches Beziehungsgespräch mit geschickter Anspielung auf eines der oben genannten Themen entscheiden, oder ob Sie es vorziehen, mit Ihrer Offenheit und Ehrlichkeit den Kunden sofort mit Vertrauen zu erfüllen und über das Fachgespräch einzusteigen, vermeiden Sie es auf jeden Fall, Ihrer Gesprächseröffnung aus reiner Gewohnheit eine Standardfloskel voranzustellen. Denn sowohl Ihre Glaubwürdigkeit als auch die Geduld des Kunden werden bei einem der folgenden Lückenfüller merklich abnehmen (vgl. Ruede-Wissmann (1989), S. 148):

Gedanken des Gesprächspartners zu Standardfloskeln	
Floskel	**Kundenassoziation**
„Wie geht's?"	Will er das wirklich wissen, oder soll ich einfach nur „gut" sagen, damit er fortfahren kann?
„Ich war gerade in der Gegend..."	Dieser Besuch war also weder geplant,

	noch vorbereitet!
„Das Wetter ist wirklich…"	Hätte er es nicht gesagt, dann wäre mir das wohl nicht aufgefallen!
„Störe ich Sie gerade?"	Nun da er fragt…
„Der Wettbewerb in der Branche ist inzwischen wirklich hart."	Danke für den Hinweis – hier ist doch sicher noch ein kräftiger Rabatt drin!

Tabelle 16: Gedanken des Gesprächspartners zu Standardfloskeln

4.4 Networking

Der Begriff „Networking" trifft den Zeitgeist und die moderne Auffassung von der richtigen Intensität einer Beziehung zum Kunden voll und ganz. Neben der Beziehung zum Kunden wird hiermit auch die Beziehung zu Lieferanten, Informanten und Gleichgestellten beschrieben. Missverstehen Sie aber diesen Begriff nicht als den Aufbau von zahllosen, willkürlichen Bekanntschaften, die nur bei Bedarf angezapft werden können. Folgende Tabelle stellt die zu empfehlenden und zu vermeidenden Vorgehensweisen beim Networking dar (vgl. Winkelmann (2005), S. 163):

Tipps für erfolgreiches Networking	
Zu empfehlen	**Zu vermeiden**
- Initiative ergreifen	- Zahlreiche, wahllose Bekanntschaften
- Interesse zeigen, aufmerksam zuhören und Gemeinsamkeiten suchen	- Sich nicht mit dem eigenen Wert und den eigenen Zielen beschäftigen
- Durch gezielte Recherchen ein Gespräch vorbereiten	- Nur Kontakte suchen, von denen man sich Vorteile verspricht
- Andere um Rat fragen	- Vertrauliche Informationen weitergeben
- Die 72-Stunden-Regel nach der ersten Kontaktpflege beachten	- Versprechungen machen, die man nicht halten kann
- Danke sagen – auch für Bemühungen eines Netzwerkpartners, die nicht unmittelbar von Erfolg gekrönt sind	- Nur Nutznießer sein, ohne den Netzwerkpartnern auch etwas zu bieten, das sie weiterbringt
- Aktive, kontinuierliche Kontaktpflege	- Kontakte ohne Einverständnis des anderen weitergeben
- Nicht nur bekannte Kontakte pflegen	

Tabelle 17: Tipps für erfolgreiches Networking

4.5 Checkliste für einen situationsbezogenen Beziehungsaufbau

Sie haben...	Antworten	
	Ja	Nein
1. abgewogen, ob Ihr Gesprächspartner für eine ausführliche oder zielorientierte Gesprächseinführung in Betracht kommt?	☐	☐
2. während des Gesprächs im Büro des Kunden wichtige Informationen zusammengetragen (beispielsweise persönliche Fotos auf dem Schreibtisch, Auszeichnungen, besondere Einrichtung)?	☐	☐
3. die persönlichen Interessen des Gesprächspartners in Erfahrung bringen können?	☐	☐
4. die Herausforderungen für das Kundenunternehmen erfahren?	☐	☐
5. gut (80 Prozent zuhören, 20 Prozent sprechen) und aktiv zugehört (offenes Feedback gegeben, Interesse gezeigt)?	☐	☐
6. die Firmenphilosophie des Kunden erfahren?	☐	☐
7. eine zielorientierte Gesprächseinführung bereits einmal ausprobiert, als Sie fühlten, dass der Kunde dies bevorzugt?	☐	☐
8. Standardfloskeln vermieden?	☐	☐
9. gespürt, dass der Kunde nach einer bestimmten Zeit zum Geschäftlichen übergehen wollte?	☐	☐
10. den Übergang zum Geschäftlichen ohne Verlegenheit gemeistert?	☐	☐

Tabelle 18: Checkliste für einen situationsbezogenen Beziehungsaufbau

5. Bedürfnisanalyse

> Es gibt auf der ganzen Welt nur eine einzige Methode, um andere Menschen zu beeinflussen: mit ihnen über das zu sprechen, was sie haben möchten, und ihnen zu zeigen, wie sie es bekommen können.
>
> Dale Carnegie (1888-1955), amerikan. Rhetoriklehrer und Unternehmensberater

Der endgültige Sinn und Zweck eines jeden Produktes ist die Lösung eines Problems. Welche Probleme Ihr Produkt in welcher Art und Weise lösen kann, sollten Sie sich bereits in der Vorbereitungsphase verdeutlicht haben. Eine für dieses spezielle Verkaufsgespräch aber noch viel bedeutendere Information fehlt Ihnen noch: Welches Problem hat dieser Kunde? Sie sollten sich in diesem Zusammenhang der Tatsache bewusst sein, dass nur der Kunde Ihnen diese Frage beantworten kann. Denn nur der Kunde kennt seine Bedürfnisse. Aus diesen Bedürfnissen integrierte Lösungsmöglichkeiten zu erarbeiten, ist wieder Ihre Aufgabe, die dann im späteren Verlauf des Gesprächs, in der Phase der Präsentation und Einwandbehandlung, bewältigt werden muss.

Sie erinnern sich sicherlich noch daran, dass Ihnen als Kind beigebracht wurde, dass es keine falschen Fragen gibt. Diese Weisheit muss im Bezug auf das Verkaufsgespräch leider mit Goethes Aussage „Wenn du eine weise Antwort verlangst, musst du vernünftig fragen." relativiert werden. Sie sollten dem Kunden keine Fragen stellen, die nicht zur Eruierung der von Ihnen lösbaren Probleme dienen, da das Gespräch sonst unnötig verlängert wird und das Interesse des Kunden verloren werden könnte. Auch hier gilt also die Prämisse der Zielorientierung und Verhandlungskompetenz, die von Ihnen durch die richtigen Fragen demonstriert werden kann.

5.1 Motivtheorie

Die folgenden Grundkenntnisse der Psychologie bezüglich der Motivtheorie werden Ihnen dabei helfen, den Kunden besser zu verstehen und somit erfolgreichere Bedürfnisanalysen durchzuführen. Sie werden merken, dass diese leicht verständlichen Grundlagen für jeden Verkäufer als erweitertes Wissen sinnvoll sind, da sie im täglichen Geschäft angewandt werden können, um Ihren Verhandlungspartner für Sie transparenter zu gestalten.

5.1.1 Motivarten

Mit dem Begriff „Motiv" wird die Bereitschaft eines Individuums zu einem bestimmten Verhalten bezeichnet. „Motivationen" dagegen sind aktivierende Beweggründe des Verhaltens (Bedürfnisse, Bestrebungen, Triebe, Wünsche). „Motive" stellen also die Grundlage für „Motivationen" dar. Bevor Sie von den Bedürfnissen des Kunden auf dessen möglichen Bedarf schließen können, sollten Sie also zunächst dessen Motive analysieren. Generell werden in der Motivforschung drei Arten von Motivtheorien unterschieden (vgl. Bänsch (2006), S. 18):

- **Monothematische Motivtheorie:** Diese Theorie versucht eine Erklärung für das menschliche Verhalten aus einem Motiv heraus zu finden. Freud begründete diese Lehre mit seiner Theorie des Strebens nach Lust bzw. der Vermeidung von Unlust.

  Dieser Ansatz ist für die Praxis noch nicht detailliert genug und lässt für Sie noch keine direkte Ableitung zu.

- **Polythematische Motivtheorie:** Diese Erweiterung der vorhergehenden Theorie geht von einer Gesamtheit von ca. 5.000 Grundtrieben aus, die ständig im Menschen vorherrschen.

  Die bekannteste Abhandlung zu dieser Theorie stammt von Abraham Maslow und ist als „Bedürfnispyramide" bekannt geworden, da die verschiedenen Dimensionen von Bedürfnissen wie folgt angeordnet sind (vgl. Bänsch (2006), S. 19):

80

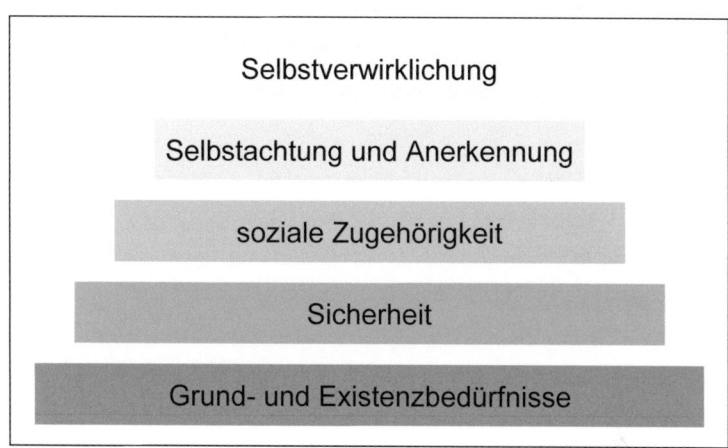

Abbildung 10: Maslowsche Bedürfnispyramide

Wie aus der Pyramide ersichtlich wird, trachtet der Mensch gemäß Maslow zuerst nach der Erfüllung der unteren Elemente der Pyramide. Er wird erst anfangen nach der nächsten Ebene zu streben, wenn das Bedürfnis der vorherigen Stufe befriedigt ist.

Für Sie kann hieraus der allgemeine Hinweis abgeleitet werden, dass Sie, falls möglich, versuchen sollten, die niedriger gelegenen Ebenen der Bedürfnisse anzuregen. Dies kann bei vielen Produkten durch die Gewährung und Herausstellung von Sicherheit geschehen und des Weiteren durch das Beschreiben der sozialen Zugehörigkeit und Anerkennung, die durch den Erwerb des Produktes verbessert werden. Hier wird bereits deutlich, dass Sie nicht versuchen sollten ein Produkt zu verkaufen, sondern ein Bedürfnis zu befriedigen.

- **Athematische Motivtheorie:** Diese Motivtheorie beschreibt, dass nicht alle Motive immer in jedem Menschen vorliegen. Selbst wenn bei zwei Menschen die gleichen Motive vorkommen, so können sie je nach Situation unterschiedliche Präferenzen einnehmen.

Sie können daraus schließen, dass es keinen vorgefertigten, perfekten Weg für den Verlauf einer Verhandlung gibt und dass es Ihre Aufgabe ist, jeden Menschen genau einzuschätzen und dann entsprechend auf ihn einzugehen. Zur Erleichterung können Sie versuchen, verschiedene Motive und Motivationen in den

Menschen wahrzunehmen, mit denen Sie diese bestimmten Gruppen zuordnen können.

5.1.2 Kundenmotive

Durch aufmerksames Zuhören und Beobachten können Sie im Kunden bestimmte Motive erkennen. Diese Motive können Sie dann dazu verwenden, durch entsprechende Kommunikation beim Kunden einen Bedarf zu ermitteln oder zu verstärken. Selbst in späteren Phasen der Verhandlung, insbesondere bei der Präsentation und der Einwandbehandlung, können Sie die vorherrschenden Motive weiter ansprechen und in Ihre Argumentationen mit einbauen. Zu beachten bleibt allerdings, dass jeder Kunde durch verschiedene Motive bestimmt wird, die zu einer unauflösbaren Einheit verschmelzen. Im Folgenden werden die grundlegenden Motive und die anzuwendende Vorgehensweise dargestellt (vgl. Bänsch (2006), S. 70ff):

Gewinnmotiv:

Besonders bei Kunden im wirtschaftlichen Sektor steht dieses Motiv oft im Mittelpunkt aller Überlegungen. Der Kunde möchte durch den Kauf, den er über Wirtschaftlichkeits- und Rentabilitätsüberlegungen rechtfertigt, Kosten senken und / oder Erlöse steigern, um im Endeffekt mehr Gewinn erwirtschaften zu können.

Sie sollten, falls dieses Motiv vorherrscht, versuchen vordergründig mit Berechnungen zu argumentieren, die auf nachvollziehbare Art und Weise darstellen, welche nachweisbaren Mehrgewinne dem Kunden aus dem Kauf entstehen werden. So können Sie bei einem bestimmten Aggregat z.B. die Flexibilität, die Präzision, die Energie- und / oder Arbeitsersparnis, die Lebensdauer und die geringere Ausfallwahrscheinlichkeit verwenden, um durch einen Vergleich mit der aktuellen Ausstattung oder Konkurrenzprodukten eine Gewinnsteigerung zu errechnen.

Beispiel für eine Argumentation bei vorhandenem Gewinnmotiv

Verkäufer: „Der Stromverbrauch dieses Aggregats beträgt nur 50% des Stromverbrauchs Ihres aktuellen Modells. Bei den momentanen Strompreisen sparen Sie somit 200 € pro Jahr. Die Investition hätte sich also bereits nach drei Jahren amortisiert."

Zeitersparnismotiv:

Das Zeitersparnismotiv lässt sich psychologisch besonders günstig nutzen und kann durch Sie auch leicht verstärkt werden. Jeder Kunde wird von sich behaupten, dass er besonders in Zeitnot ist, da dies in unserer Gesellschaft ein Merkmal von wichtigen und erfolgreichen Persönlichkeiten geworden ist. Somit kann aus diesem Motiv für Sie auch ein besonders zugkräftiges Argument werden, mit dem Sie hohen Kundennutzen aufzeigen können.

Versuchen Sie also dem Selbstbewusstsein des Kunden zu schmeicheln und erklären Sie ihm, wie er durch Ihr Produkt Zeit für „wichtigere Dinge" gewinnen wird.

Beispiel für eine Argumentation bei vorhandenem Zeitersparnismotiv

Verkäufer: „Personen, die so vielbeschäftigt sind wie Sie, suchen natürlich nach Möglichkeiten, um Zeit einzusparen. Mit Hilfe dieses Produktes werden Sie wieder mehr Zeit für bedeutendere Angelegenheiten haben."

Sicherheitsmotiv:

Das Bedürfnis nach Sicherheit und Gesundheit, das aus dem Selbsterhaltungstrieb resultiert, ist ein besonders starkes und in jedem Menschen aufzufindendes Motiv. Über bestimmte Umwege ist jedes Produkt mit diesem Motiv zu verknüpfen: Qualität, Zertifizierungen, Inhaltsstoffe, Tests. Durch Anführung positiver Aspekte des Produktes auf diesen Sektoren kann das Motiv ausgenutzt werden. Aber auch durch Angstappelle, d.h. durch Darstellung der negativen Folgen der momentanen Situation kann auf dieses Motiv aufgebaut werden.

Positive Aspekte können Sie jederzeit und ohne Einschränkungen als Argumente anführen, bei Angstappellen dagegen sollten Sie darauf achten, dass Sie diese sowohl der Person als auch der Situation anpassen müssen, da sonst eine starke Gegenreaktion des Kunden erfolgen kann. So sollten Sie anfangs bereits das bestehende Ängstlichkeitsniveau des Kunden einschätzen und Personen, die sich auf einem hohem Niveau befinden, nur noch schwache Angstappelle zuführen. Auch sollten Ihre Appelle umso schwächer sein, je weniger das Leistungsangebot diese Gefahr unmittelbar verringern kann und je bedeutender das Problem für den Verhandlungspartner ist. Denn sowohl eine zu schwache Ansprache, als auch übermäßige Steigerung der Angst kann zu Gegenreaktionen führen.

Bequemlichkeitsmotiv:

Eine Maxime, die aus den einfachsten Instinkten des Menschen entsteht, ist die Einsparung von Kräften und Mühen. Und obwohl jeder Mensch das Bedürfnis nach Bequemlichkeit in einer gewissen Ausprägung verspürt, ist es in unserer Gesellschaft fast niemals ruhmreich, dieses auch offen auszudrücken. Das Wort „faul" zur Beschreibung einer Person ist eine offene Beleidigung.

Deshalb sollten Sie dieses Motiv, falls Sie es erkennen können, niemals direkt, sondern immer unter dem Deckmantel des Zeitersparnis oder der Einsparung von Ressourcen ansprechen.

Geltungsmotiv:

Auch das Geltungsmotiv ist eine generelle psychologische Regung, die in jedem Menschen besteht. Allerdings tritt es durchaus unterschiedlich zu Tage: Manche Menschen streben nach Ansehen und Bedeutung in der Gesellschaft als solches, andere ringen um die Anerkennung bestimmter Gruppen oder einzelner anderer Menschen. So gestaltet sich je nach Mensch die Ausprägung und Verteilung sehr unterschiedlich, ist aber immer direkt mit dem Selbstwertgefühl verknüpft.

Auch dieses Motiv sollten Sie immer eher indirekt ansprechen, da kein Kunde hören möchte, dass er unbedingt mehr sein möchte, als er augenblicklich ist. Dadurch, dass Sie Produkte mit Adjektiven wie „modisch" oder „fortschrittlich" bezeichnen, stellen Sie aber bereits erste Verbindungen zu diesem Motiv her. Weitere Ansprechmöglichkeiten wären das Ausmalen von Ereignissen, die eine Verknüpfung zwischen dem Persönlichkeitstypus der Ware und der Persönlichkeit des Kunden herstellen.

Beispiele für Argumentationen bei vorhandenem Geltungsmotiv

Verkäufer: „Ihre Nachbarn werden Augen machen, wenn Sie…"
„Wer so viel auf Reisen ist wie Sie, der hat sich wirklich…"

Nachahmungstrieb:

Der aus dem Geltungsmotiv entstehende Nachahmungstrieb, äußert sich entweder in dem Versuch gesellschaftlich Gleichgestellte (Freunde, Familie) nachzuahmen, um einen Geltungsverlust zu vermeiden oder in dem Bestreben sozial Höhergestellte (Prominente, Vorbilder) nachzuahmen, um einen Geltungsgewinn zu erwirken.

Durch das Aufführen von Referenzen können Sie sich den entdeckten Nachah-

84

mungstrieb Ihrer Kunden zu Nutze machen. Auch im industriellen Sektor ist der Nachahmungstrieb oft sehr stark und besonders kleinere und mittelständische Unternehmen werden sicher Lösungen, die sich bereits bei anderen Unternehmen erfolgreich bewährt haben, sehr viel schneller adaptieren.

Ökologiemotiv:

Das Bewusstsein für Ökologie befindet sich in der modernen industrialisierten Gesellschaft auf dem Vormarsch. Viele Menschen geben an, dass Sie bei der Auswahl von Produkten mehr und mehr auf die Umweltverträglichkeit der Erzeugnisse achten. Allerdings bildet dieses Motiv nur bei wenigen Menschen wirklich eines der höhergestellten Relevanzmerkmale, wenn es zur tatsächlichen Kaufentscheidung kommt. Dieser Ambivalenz können Sie als Verkäufer gerecht werden, indem Sie, falls dies bei Ihrem Produkt möglich ist, ökologische Argumente zwar vorbereiten, diese aber nicht als Hauptpfeiler Ihrer Argumentation einsetzen. Besonders in Verbindung mit dem Sicherheitsmotiv lassen sich diese von Ihnen vermehrt anwenden.

Beispiele für eine Argumentation bei vorhandenem Ökologiemotiv

Verkäufer: „Durch den geringen Benzinverbrauch entlasten Sie die Umwelt und sparen dabei auch noch bares Geld.""

Abwechslungsmotiv:

Besonders bei Menschen, deren normale Lebenssituation (Arbeits-, Wohn- und Sozialsituation) sehr reizarm, d.h. nicht von vielen neuen Reizen bestimmt ist, entsteht die Tendenz, diesen Mangel durch neue, modische Produkte und Variationen zu kompensieren. Generell besteht aber in jedem Menschen das Bedürfnis nach Variation. Je nach Mensch und vor allem auch Produktgruppe unterscheidet sich die Stärke dieses Wunsches jedoch enorm.

Ein Reizwechsel kann Ihnen als sehr starkes Verkaufsargument dienen, wenn es um Produkte geht, die kurzen Lebenszyklen (z.B. Hightech) und starken modischen Schwankungen (z.B. Bekleidung) unterworfen sind. Verschreiben Sie sich dabei aber nicht dem Irrglauben, dass Sie dem Kunden das gleiche Produkt unter Zuhilfenahme einer List verkaufen, denn eine Abwechslung befriedigt ein Bedürfnis und bringt somit dem Kunden einen höheren wahrgenommenen Nutzen, als dies vielleicht eine technische Neuerung vermag, die er nicht verstehen oder wahrnehmen kann.

5.2 Bedarfsanalyse

Haben Sie die Bedürfnisse und Motive des Kunden ermittelt, so können Sie beginnen, den konkreten Bedarf zu analysieren. Dieser entsteht direkt aus den oben aufgeführten Motiven. Aus dem Zeitersparnismotiv z.B. wird zunächst der **angedeutete Bedarf** „Unser System ist zu langsam" entstehen. Dieser sollte dann von Ihnen gezielt in den **ausdrücklichen Bedarf** „Wir brauchen ein neues, schnelleres System" weiterentwickelt werden. Unter optimalen Bedingungen ist der Bedarf beim Kunden bereits weiterentwickelt, so dass Sie direkt einen „ausdrücklichen Bedarf" vorfinden und mit diesem weiterarbeiten können (vgl. Behle / vom Hofe (2006), S. 141):

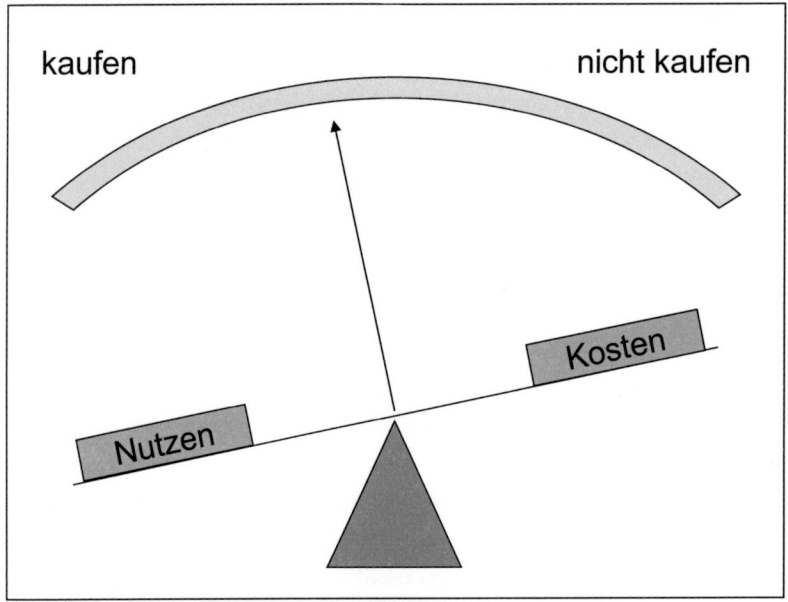

Abbildung 11: Wertgleichung des Kunden, die Bedarf bestimmt

Allerdings ist generell zu beachten, dass der endgültige Bedarf beim Kunden daraus entsteht, dass der wahrgenommene Nutzen die Kosten überschreitet (siehe Abbildung 11). Das heißt auch, dass bei komplexeren Geschäften mit relativ hohen Kosten dem Kunden dementsprechend mehr Nutzen verdeutlicht werden muss, damit ein Bedarf entstehen kann. Machen Sie sich ganz eindeutig klar, dass ein Produkt vom Kunden niemals nach seiner objektiven Beschaffenheit und Qualität bewertet wird, sondern immer subjektiv wahrgenommen und nach der Möglichkeit der Erzeugung von Nutzen im Verhältnis zu den entstehenden Kosten beurteilt wird. Auf die anspruchsvolle Aufgabe, diesen Nutzen dem Kunden richtig darzustellen, wird in Kapitel B 6.1 genauer eingegangen (vgl. Hofbauer / Schweidler (2006), S. 258).

5.3 Bedarfsentwicklung

Ein gutes System zur Bedarfsentwicklung, d.h. zur Ausformung eines angedeuteten Bedarfs in einen ausdrücklichen Bedarf, stellt die SPIN-Strategie der Huthwaite Deutschland GmbH dar. Diese Fragetechnik beabsichtigt, über Situations-, Problem-, Implikations- und Nützlichkeitsfragen zusammen mit dem Kunden seinen Bedarf zu entwickeln. Im Zusammenhang mit Erkenntnissen aus der Lerntheorie (siehe Kapitel B 6.2.1) wird deutlich, dass der Kunde seine Probleme und die entsprechende Lösung sehr viel besser versteht und in Erinnerung behält, wenn er diese in Kooperation mit Ihnen erarbeitet, als wenn sie ihm einfach nur dargestellt werden (vgl. Rackham (1988), S. 91).

5.3.1 Situationsfragen

Die Situationsfragen folgen direkt auf den Beziehungsaufbau und sollen es Ihnen ermöglichen, so viel wie möglich über die Situation des Kunden zu erfahren. Dabei sollten Sie trotzdem immer versuchen zielorientiert zu agieren, um den Kunden nicht zu langweilen. Eine gute Recherche in der Informationsphase (siehe Kapitel B 1.6) erleichtert Ihnen die Auswahl der Situationsfragen, da Ihnen die generellen Informationen bereits bekannt sind und Sie sogleich damit beginnen können, direkt am Problem zu arbeiten (vgl. Rackham (1988), S. 67).

Beispiele für Situationsfragen

Verkäufer: „Wie viele Mitarbeiter haben Sie?"

„Wie viele Prozesse bearbeiten Sie am Tag?"

„Wie hoch ist die durchschnittliche Bearbeitungszeit?"

„Warum haben Sie sich für Ihr derzeitiges System entschieden?"

5.3.2 Problemfragen

Die nächste Stufe im SPIN-System bilden die Problemfragen, die Ihnen dazu dienen, die Schwierigkeiten, Probleme und Quellen der Unzufriedenheit des Kunden zu erkennen. Diese sind von Ihnen dann als angedeutete Bedarfe zu verstehen, von denen Sie Ausgewählte in den nächsten Schritten weiterentwickeln können. Die Problemfragen sollten dabei auf den Informationen der Situationsfragen und den vorher gesammelten Informationen aufbauen und wieder konkret und zielorientiert gestellt werden. Überlegen Sie hier bereits, welche Fragen Problemfelder aufdecken könnten, die Ihr Produkt zu lösen vermag (vgl. Rackham (1988), S. 69).

Beispiele für Problemfragen

Verkäufer: „Sind Sie mit dem derzeitigen System zufrieden?"

„Ist die lange Bearbeitungszeit für Sie ein bedeutendes Problem?"

„Halten Sie die Kosten für das derzeitige System für angemessen?"

5.3.3 Implikationsfragen

Wie bereits dargestellt, muss der vom Kunden empfundene Nutzen die Kosten übersteigen, damit ein Bedarf überhaupt zustande kommen kann (siehe Abbildung 11). Den Nutzen erhöhen Sie, indem Sie mit dem Kunden das soeben eruierte Problem weiter entwickeln, also aus einem angedeuteten Bedarf einen ausdrücklichen Bedarf bilden. Sollten Sie dem Kunden Ihre Problemlösung bereits nach den Problemfragen darstellen, wird der empfundene Nutzen relativ kleiner sein, als wenn Sie ihm zuerst erläutern, welche Auswirkungen das aufgezeigte Problem auf seine Prozesse hat. Oft ist sich der Kunde eines grundlegenden Problems bewusst, hat aber die daraus resultierenden Folgeprobleme und Kosten noch gar nicht realisiert (vgl. Rackham (1988), S. 73).

Der Einsatz von Implikationsfragen benötigt viel Geschick und Spontanität Ihrerseits. Sie müssen sofort auf die vom Kunden dargestellten Probleme eingehen und Folgen aus diesen aufdecken, die durch den Einsatz Ihres Produktes behoben werden. Auch dieser Prozess wird deutlich einfacher für Sie, wenn Sie sich in der Vorbereitungsphase bereits Gedanken über die üblichen Probleme und Folgen gemacht haben.

5.3.4 Nützlichkeitsfragen

Nun ist es an der Zeit, den Kunden vom Problem weg und hin zur Lösung zu führen. Dabei sollten Sie ermöglichen, dass der Kunde die wesentlichen Schlussfolgerungen selbst zieht, wobei Sie ihn durch entsprechende Fragen zu diesen Schlüssen führen. Achten Sie jedoch darauf, dass Sie dem Kunden einen bestimmten Nutzen nicht aufdrängen. Der Kunde sollte immer nur Lösungen erhalten, deren Probleme er auch als relevant ansieht. Vermeiden Sie unbedingt Nützlichkeitsfragen, die auf Probleme hinweisen, die Ihr Produkt nicht lösen kann, da diese das Gespräch in eine unerwünschte Richtung lenken (vgl. Rackham (1988), S. 81).

90

5.4 Checkliste für eine informative Bedürfnisanalyse

Sie haben...	Antworten	
	Ja	Nein
1. sich selbst als Problemlöser für den Kunden empfunden?	☐	☐
2. aktiv nach den Kundenmotiven gesucht?	☐	☐
3. den Kunden mehreren Motivgruppen zugeordnet?	☐	☐
4. Ihr Verhalten gemäß der Motivgruppenzugehörigkeit des Kunden angepasst?	☐	☐
5. verschiedene angedeutete Bedarfe erkannt?	☐	☐
6. diese mit Hilfe der SPIN-Technik zu ausdrücklichen Bedarfen weiterentwickelt?	☐	☐
7. zielorientierte Fragen gestellt?	☐	☐
8. Ihre Erkenntnisse zusammengefasst und vom Kunden bestätigen lassen?	☐	☐
9. die Kundenzufriedenheit während dieses gesamten Vorgangs immer als wichtigstes Ziel im Auge behalten?	☐	☐
10. bereits jetzt mögliche Nutzenargumente für die spätere Verhandlung generiert?	☐	☐

Tabelle 19: Checkliste für eine informative Bedarfsanalyse

6. Präsentation

In der modernen Geschäftswelt ist es nutzlos, ein kreativer und origineller Denker zu sein, solange man nicht auch verkaufen kann, was man erschafft. Vom Management kann man nicht erwarten, dass es eine gute Idee erkennt, solange es ihm nicht von einem guten Verkäufer präsentiert wird.

David Ogilvy (1911-99), amerikanischer Werbefachmann

Es genügt nicht mehr, den Kunden mit Fakten zu bombardieren und zu hoffen, dass eines der Argumente bei ihm vielleicht anschlagen wird. Diese so genannte Leistungsargumentation ist nicht mehr angemessen. Eine viel bessere Methode stellt die Nutzenargumentation dar. Dies bedeutet, dass man sich von der bloßen Darstellung des Produktes weg und auf eine Ausführung des für den Kunden entstehenden Nutzen und Mehrwertes hin entwickeln muss. Kein Kunde kauft sich eine Waschmaschine, weil sie 1600 Umdrehungen in der Minute bewältigt. Er kauft sie, weil seine Wäsche dadurch schneller und besser gesäubert wird. Dieser Denkansatz ist für Sie auf jedes erdenkliche Produkt übertragbar.

Natürlich hat ein jedes Produkt viele mögliche Nutzendimensionen und nicht jeder Kunde hat die gleichen Probleme. Sollten Sie aber die Phasen zur Feststellung und Entwicklung des Bedarfs beim Kunden erfolgreich durchlaufen haben, werden Sie einen leichten Einstieg in die Präsentation und die Nutzenargumentation finden. Allerdings sollten Sie genau deswegen auch nicht versuchen, zu früh bei der Nutzenargumentation zu landen, da Sie sich dann über den darzustellenden Nutzen noch gar nicht sicher sein können.

6.1 Nutzenargumentation

Unmittelbar nachdem Sie durch die Analyse der Bedürfnisse des Kunden dessen Probleme erkannt und daraufhin seinen Bedarf entwickelt haben, sollten Sie mit der Nutzenargumentation beginnen. Dabei können Sie auf die erkannten Motivgruppen eingehen (siehe Kap. B 5.1.2) und Ihre Argumentation darauf aufbauen. Generell ist darauf zu achten, dass Sie, besonders bei technischen Produkten, nicht vorrangig auf analytische Daten und Fakten eingehen, sondern eher die kundenspezifischen Lösungsmöglichkeiten durch das Produkt erörtern. Zeigen Sie dem Kunden, dass Sie seine Probleme erkannt haben und dass Sie in der Lage sind, diese für ihn zu lösen (vgl. Schnappauf (1997), S. 314).

Gegenbeispiel für Nutzenargumentation

Verkäufer: „Der Drucker druckt 120.000 Zeilen pro Stunde."

Beispiel für Nutzenargumentation

Verkäufer: „Der angebotene Drucker hat eine Leistung von 120.000 Zeilen pro Stunde. Vorhin sagten Sie mir, dass in Ihrem Haus pro Tag ca. 8.000 Rechnungen mit durchschnittlich 10 Zeilen geschrieben werden. Das würde für Sie bedeuten, dass all Ihre Rechnungen in weniger als einer Stunde gedruckt sind und Sie die Ware noch am gleichen Tag versenden können. Somit bekommen Sie auch Ihr Geld einen Tag früher."

Nutzen Sie bei der Beschreibung von Möglichkeiten und Attributen des Produktes sprachliche Bilder. Durch den Einsatz vieler Adjektive vermitteln Sie dem Kunden ein besonders lebendiges und anregendes Bild (vgl. Schnappauf (1997), S. 313).

Gegenbeispiel für bildhafte Argumentation

Verkäufer: „Der Wagen hat 350 PS!"

Beispiel für bildhafte Argumentation

Verkäufer: „Durch die Kraft des sportlichen 350 PS Motors werden Sie eine blitzartige Beschleunigung erleben, die Sie förmlich in den Sitz drückt und Ihnen auf Wunsch das Adrenalin in die Adern schießen lässt!"

Vergleiche und Metaphern ermöglichen es Ihnen, dem Kunden einen komplexen Sachverhalt dadurch zu veranschaulichen, dass Sie ihn entweder auf eine leichter verständliche Situation übertragen, oder Brücken zu bereits bekannten Fachinformationen schaffen (vgl. Schnappauf (1997), S. 317).

Gegenbeispiel für vergleichende Argumentation

Verkäufer: „Die EX 500 hat eine 40fach höhere Prozessorleistung als eine 25x/70 von 2007."

Beispiel für vergleichende Argumentation

Verkäufer: „Die EX 500 braucht eine Stellfläche von 30 x 100 cm. Die alte, Ihnen bekannte, 25x/70 – die nur ein 40stel leistete – brauchte 2 x 3 Meter und zusätzlich eine Wasserkühlung."

Durch eine derartige Argumentation werden Sie es schaffen mit dem Kunden ein Gespräch auf einer verständlichen Ebene aufzubauen. Sie bewerkstelligen es somit, seine Probleme anzusprechen und ihm gleichzeitig den durch Ihre Lösung entstehenden Nutzen aufzuzeigen.

6.2 Kunden involvieren

Allerdings wird eine bloße Auflistung der Vorteile, auch wenn Sie in kundenspezifischer Form und anschaulich stattfindet, ab einer bestimmten Länge den Kunden in die Rolle des Zuhörers zwingen und dies wiederum kann zu folgenden zwei unerwünschten Reaktionen führen (vgl. Bänsch (2006), S. 60):

- **Interesselosigkeit**, Ungerührtheit, Kühle beim Kunden (durch die aufgezwungene passive Rolle). Dies haben Sie bei Dialogen mit Kollegen oder Fachexperten, die zu Monologen gerieten, sicher auch schon einmal erlebt.

- **abweisende Erregung** (psychische Reaktanz) beim Kunden (durch die empfundenen Einengung seines Verhandlungsspielraumes). Als Reaktanz wird die Gegenreaktion des Kunden bezeichnet, wie sie vor allem beim Hochdruckverkauf auftreten kann. Der Kunde wird also versuchen, sich gegen Sie zu stellen und das Geschäft zu Nichte zu machen, weil er sich von Ihnen übervorteilt fühlt.

Dieser Entwicklung können Sie entgegenwirken, indem Sie den Kunden aktivieren, d.h. in die Verhandlung aktiv einführen.

6.2.1 Lerntheorie

Um zu verstehen, wie Sie Ihren Kunden am effektivsten involvieren können, sollten Sie sich wieder Erkenntnisse aus der Verhaltenspsychologie zu Nutze machen. Besonders die Lerntheorie liefert hier einen Ansatz, den Sie verinnerlichen sollten, da aus ihm jeder Verkäufer Gewinn für seine Tätigkeiten ziehen kann.

„Der wissenschaftliche Begriff „Lernen" wird im Gegensatz zum umgangssprachlichen nicht als Tätigkeit interpretiert, sondern als Änderung in der Verhaltensweise des Individuums über die Zeit." (Bänsch (2006), S. 20)

Es sollten zwei verschiedene Ansätze der Lerntheorie unterschieden werden:

- **Reiz-Reaktions-Theorie (S-R-Theorie):** Diese besagt, dass das Individuum lernt, mit bestimmten Reaktionen auf äußere Reize zu reagieren, falls diese zum Erfolg führen. Durch Wiederholung des erfolgreichen Verhaltens tritt Gewohnheit ein (vgl. Bänsch (2006), S. 20).

  Ein Verfahren, das auf der S-R-Theorie aufbaut, ist die klassische Konditionierung nach Pawlow. Sie besagt, dass eine Auslösung von Reaktionsreizen durch ursprünglich neutrale Reize erfolgen kann. Seine Experimente, in denen er Hunden beibrachte bereits bei einem früher futterbegleitenden Signal (Glocke) mit ähnlich starken Reaktionen (Speichelfluss) wie bei dem natürlichen Reiz (Futterverabreichung) zu reagieren, erlangten extrem große Bekanntheit. Nach Pawlow kann dieser konditionierte Reflex einen unkonditionierten ersetzen (vgl. Pawlow (1985), S. 93).

Eine Erweiterung der klassischen Konditionierung stellt die operante Konditionierung nach Skinner dar. Diese unterscheidet sich von der klassischen, da Skinner als Grundaussage festlegt, dass Lernen auch durch eine positive (Belohnung) oder negative Verstärkung (Bestrafung) nach der Reaktion stattfinden kann. Hier lernt das Individuum durch die Konsequenz aus einer früheren Handlung, die Handlung in Zukunft zu unterlassen oder verstärkt auszuführen. Es muss allerdings erwähnt werden, dass Skinner feststellte, dass eine Belohnung eine höhere Verhaltenswirksamkeit als eine Bestrafung besitzt (vgl. Skinner (1973), S. 322).

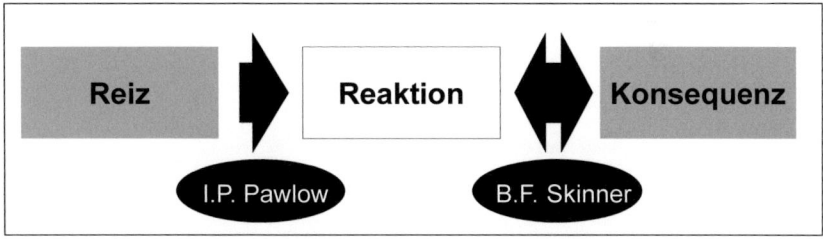

Abbildung 12: Lerntheorien nach Pawlow und Skinner

Aus den Reiz-Reaktions-Theorien lassen sich also folgende Hinweise für ein optimales Verhalten Ihrerseits ableiten: Sie sollten in der Gestaltung des Verkaufsgespräches immer darauf achten, den Kunden mit in das Gespräch einzubinden, da dieser bei aktiver Teilnahme wesentlich mehr lernen wird, als bei passivem Zuhören. Des Weiteren sollten Sie versuchen, mit positiver Verstärkung das Lernverhalten des Kunden zu verstärken, wie dies z.B. durch eine Gewährleistung von besonderen Rechten oder Geschenken nach einem erfolgreichen Vertragsabschluss umgesetzt werden kann (vgl. Bänsch (2006), S. 24).

- **Kognitive Theorien:** Kernaussage dieser Theorien ist, dass das Individuum durch kognitive Strukturen die jeweilige Situation durch Einsicht in die Zusammenhänge und Problembeziehungen lernt, das Verständnis also zu einer Reaktion führt.

Für Sie bedeutet dies, dass Sie dem Käufer die wesentlichen Merkmale des Produktes zugänglich machen müssen, ihm dann aber ein eigenständiges

Verständnis ermöglichen sollten. Dies stellt eine Erweiterung von der Partizipation zum Ziehen der wesentlichen Schlüsse dar. So sollten sich dem Käufer nach und nach mehr Zusammenhänge erschließen. Verwirklichen lässt sich dieser Ansatz zum Beispiel beim Aufzeigen von Kostenvorteilen (vgl. Bänsch (2006), S. 24).

Beispiel für die Anwendung kognitiver Theorien

Verkäufer: „Maschine A kann 1.000 Produkte pro Tag verarbeiten und kostet 100.000 Euro. Maschine B hingegen kann 1.200 Produkte verarbeiten und Kostet 110.000 Euro. Wie viele Produkte können Ihre anderen Arbeitsschritte abfertigen?"

6.2.2 Imagery-Forschung

Sicher haben Sie auch schon die Redensart „Ein Bild sagt mehr als tausend Worte." gehört. Wissenschaftliche Untersuchungen zur Wirkung von informativen und emotionalen Bildern auf das menschliche Verhalten haben ergeben, dass diese Volksweisheit auch unter psychologischen Aspekten zutrifft. Unter „Imagery" versteht man dabei die gedankliche Entstehung, Verarbeitung, Speicherung und Wirkung innerer Bilder sowie die Wirkung wahrgenommener Bilder auf das Verhalten von Individuen (vgl. Hofbauer / Hohenleitner (2005), S. 71).

Als besonders wichtige Erkenntnisse im Rahmen der Imagery-Forschung, sind folgende wissenschaftliche Ergebnisse festzuhalten (vgl. Kroeber-Riel (1993), S. 53ff.):

1. „Bilder sind schnelle Schüsse ins Gehirn"

Untersuchungen haben ergeben, dass ein Bild mittlerer Komplexität innerhalb von ein bis zwei Sekunden von einem Betrachter so aufgenommen werden kann, dass er es später wieder erkennen kann und sich an Einzelheiten erinnert. Zum Vergleich: In der gleichen Zeit können nur fünf bis zehn Wörter eines einfachen Textes gelesen werden. Die Komplexität der Bilder hängt dabei von dem Grad der Vergleichbarkeit mit früheren Eindrücken ab, da beim Menschen im Rahmen des automatischen Bilderkennungsprozesses im Gehirn Schemata verglichen werden.

2. „Bilder werden stets besser erinnert als Sprache"

Durch die soeben angesprochenen Schemata werden Bilder nicht nur schneller auf-genommen, sondern auch detaillierter abgespeichert. Das liegt auch daran, dass Bil-der stets ganzheitlich analog verarbeitet werden. Dies bedeutet, dass sofort der Ge-samteindruck und später erst Einzelheiten wirken. Bei Sprache dagegen müssen je-weils Segmente nach logisch-analytischen Regeln verarbeitet werden, was die detail-lierte Speicherung erschwert.

3. „Bilder beeinflussen das Verhalten stärker als Sprache"

Auch das menschliche Verhalten und die Einstellung, die mit inneren Bildern verbun-den sind, werden stärker von nonverbalen als von verbalen Eindrücken beeinflusst.

Diese wissenschaftlichen Erkenntnisse sollten Ihnen verdeutlichen, dass Sie, so wie dies auch immer mehr von Experten in der Werbebranche verfolgt wird (siehe Abbil-dung 13, vgl. Hofbauer / Hohenleitner (2005), S. 73), Ihrem Kunden einen besonders emotionalen und bildhaften Eindruck von Ihrer Ware vermitteln müssen. Mit Bildern sind hier zum einen wahrnehmbare Bilder gemeint, die Sie dem Kunden auf gegebe-nen Medien präsentieren, und zum anderen fiktive Bilder, die Sie durch gut vorstell-bare und eindrucksvolle Schilderungen im Gehirn des Kunden schaffen.

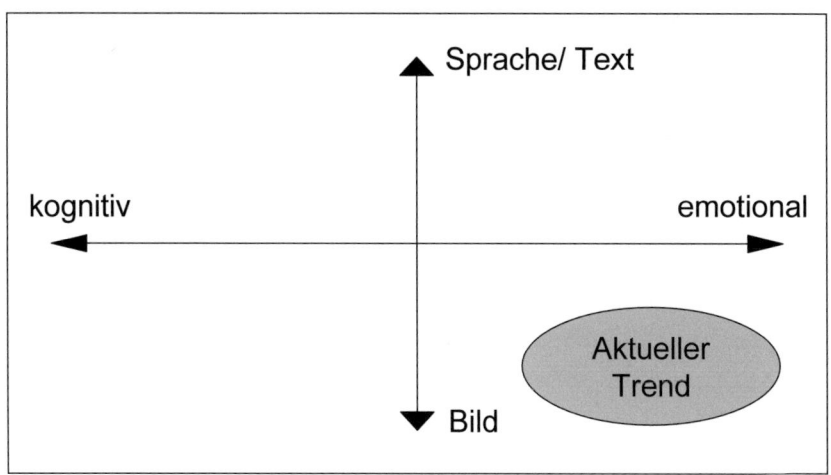

Abbildung 13: Trend für die Darstellung mit Bezug auf Imagery-Forschung

6.2.3 Sinnesaktivierung

Optimal wäre es, wenn Sie ein Vorführmodell für den Kunden zur Verfügung stellen könnten, das er betrachten, betasten und gegebenenfalls erleben kann, denn je mehr Sinne Sie beim Kunden ansprechen können, desto intensiver wird das Produkterlebnis für ihn. Natürlich ist dies nicht bei allen Produkten möglich, aber Bilder, Videos und Ablaufpräsentationen ermöglichen es Ihnen auch bei abstrakten Produkten und Dienstleistungen dem Kunden ein lebendiges und emotionales Bild Ihres Produktes zu vermitteln. Bei der Wahl des Vorführungsobjektes ist es psychologisch am günstigsten, sowohl in der Größe, als auch in der Qualitäts- und Preisdimension stets eine mittlere Ebene auszuwählen, falls der Kunde nicht explizit im Vorfeld eine andere Vorliebe geäußert hat. So kann sich der Kunde selbstständig leichter auf- oder abwerten, ohne sich einer zu großen Scham auszusetzen. Bei der Wahl eines extrem teuren Produktes schmeicheln Sie dem Kunden zwar und sprechen sein Geltungsbedürfnis an, riskieren aber, dass er sich aus Mangel an finanziellen Mitteln eingestehen muss, dass er sich diese Ausführung nicht leisten kann. Wählen Sie hingegen ein zu preisgünstiges Produkt, so könnte ein empfindlicher Kunde dies als Beleidigung auffassen. Der „goldene Mittelweg" bietet also die beste Lösungsmöglichkeit (Bänsch (2006), S. 59).

6.3 Das Verhältnis zum Produkt

Für den oben angedeuteten Fall, dass Sie ein reales Demonstrationsobjekt haben, wird nun ausgeführt, wie Sie dieses präsentieren sollten: Viele Verkäufer denken, dass sie durch bewusst grobe Behandlungsweise des Produktes dessen Stabilität und Strapazierfähigkeit dem Kunden besonders gut beweisen können. Generell kann diese Vorgehensweise aber leicht zu einem falschen Bild der Einstellung des Verkäufers zum Produkt führen. Die Kunden können durch den lieblosen Umgang mit dem Objekt leicht einen negativen Eindruck erhalten, der den positiven verbalen Informationen widerspricht und somit kognitive Dissonanzen auslöst. Die Wertvorstellung des Produktes kann so verringert werden. Falls Sie also diese Merkmale des Produktes hervorheben wollen, dann greifen Sie lieber auf Testberichte und Kundenreferenzen zurück oder verwenden Sie speziell dafür ausgewiesene Modelle (vgl. Fablunke / Grünewald / Lehm (1974), S. 117).

Achten Sie generell auf eine pflegliche, sorgsame und eventuell sogar liebevolle und ehrfurchtsame Behandlung des Produktes. Ein wertvolles technisches Objekt sollten Sie beispielsweise behutsam auf dem Tisch platzieren und nicht einfach nur fallen lassen. Durch Ihre nonverbale Umgangsweise mit dem Verkaufsgegenstand, die sich mit den verbalen Aussagen decken sollte, wird der Kunde ein einheitliches Bild von Wert und Wertschätzung der Ware erhalten (vgl. Bänsch (2006), S. 59).

6.4 Kundentypen

Um Ihre Argumente besser auf den Kunden abstimmen zu können, empfiehlt es sich, diesen genau zu analysieren. Damit Sie nicht bei jedem Verkaufsgespräch eine tiefenpsychologische Forschung durchführen müssen, bietet es sich an, den Kunden einer bestimmten Kategorie zuzuordnen. Normalerweise nehmen alle Menschen diese Einordnung ihrer Mitmenschen automatisch vor, allerdings beruht diese dann oft auf Vorurteilen und ist somit für den Verkauf wenig zuträglich. Was Sie benötigen ist demnach ein wissenschaftliches Modell zur Kategorisierung von Kunden, das Ihnen den Umgang mit den verschiedenen Persönlichkeiten vereinfacht. Dabei dürfen Sie sich allerdings niemals dazu verleiten lassen, Ihren Kunden einfach einer einzigen Gruppe zuzuordnen und somit nicht mehr offen für seinen Charakter zu sein.

Grundsätzlich kann man zur Einordnung verschiedene Modelle verwenden. Das hier vorgestellte Modell von Seelye und Moody unterscheidet zwischen drei verschiedenen menschlichen Interaktionsmustern (vgl. Seelye / Moody (2000), S. 68ff):

- **Dominanz:** Konfrontationskurs mit dem Bemühen um Vorherrschaft
- **Distanz:** Abstand aus Verlangen nach Sachlichkeit
- **Beziehungsorientiert:** Menschliche Nähe und Suche nach Akzeptanz

Folgende Tabelle stellt diese drei Kundentypen in ihrem Extrem dar und leitet die empfohlene Strategie ab, mit der Sie den Typen begegnen sollten (vgl. vgl. Behle / vom Hofe (2006), S. 294):

Kundentypen und Verkaufsstrategien

Kunden-typ	Merkmale	Verkaufsstrategie
dominant	- hat Angst davor, übervorteilt und besiegt zu werden - bevorzugt den Umgang mit oberen Managementebenen oder Leuten, die autoritär genug sind, um seinen Respekt zu verdienen - auf Kontrolle bedacht - wettbewerbsorientiert; Gewinnen ist das Einzige, was zählt - auf Unabhängigkeit und Individualität bedacht; „Entweder-du-spielst-nach-meinen-Regeln-oder-gar-nicht"- Haltung - unsensibel - seine verborgene Frage: **„Bist du gut genug, um mit mir ins Geschäft zu kommen?"**	wirksamer Ansatz: sanfte Dominanz - Durchsetzungsvermögen und Kompetenz beweisen, ohne potenziellen Kunden in die Verliererrolle zu drängen - gründlich durchdachte Pläne - kurze, sachliche, nicht bedrohliche Gesprächseröffnung - offene Fragen stellen; aktiv zuhören - Informationen knapp, gut gegliedert und absolut präzise präsentieren - gründliche Einwandanalyse vor Beantwortung - direkte und zwingende, aber nicht fordernde Schlussfolgerungen - nach dem Geschäft sofort verabschieden - Nachfassaktionen kurz und sachlich halten
distan-ziert	- liebt Ordnung und Vorhersehbarkeit - hat kein Verständnis für Emotionen und versucht, Gefühlsäußerungen zu vermeiden - fühlt sich wohler im Umgang mit Dingen, Ideen, Zahlen und Fakten als mit Menschen - ist offen für neue Gedanken und objektiv	wirksamer Ansatz: unpersönlich, auf Fakten gestützt - alle Informationen recherchieren - kurze, sachlich-nüchterne Gesprächseröffnung - ehrliche, gezielte Fragen stellen, um benötigte Informationen zu erhalten - ausführliche, durch umfassendes Material unterstützte Erklärungen

	- bringt Leuten, die auf Verhand-lungen abzielen, Misstrauen und wenig Sympathie entgegen - seine verborgene Frage: **„Willst du mich manipulieren?"**	- Bedeutungen von Einwänden genau analysieren und logisch beantworten - naheliegenden Aktionskurs vorschlagen - gründliche Nachbereitung; Kontaktaufnahme nur bei wichtigen Informationen
Beziehungs-orientiert	- großes Bedürfnis nach Akzeptanz und Zustimmung Anderer - guter Zuhörer; gutes Gespür für andere Menschen - kooperativ und angepasst (bis unterwürfig) - braucht ständig Bestätigung - unsicher - am einfachsten zu kontaktieren - seine verborgene Frage: **„Interessierst du dich wirklich für mich?"**	wirksamer Ansatz: freundlich und dominant - etwas über persönliche Interessen/ Hobbys in Erfahrung bringen - Kommunikation herzlich, freundlich, ohne Eile - knappe Informationen, die nicht unpersönlich sind, sondern Herzlichkeit und Verstand ausdrücken - Abschluss mit Autorität, aber freundlich - nach Abschluss des Geschäfts ein wenig plaudern - Nachbereitung ist sehr wichtig

Tabelle 20: Kundentypen und Verkaufsstrategien

6.5 Rhetorische Mittel

Die Wahl der Worte, die Sie zur Präsentation Ihres Produktes verwenden, wirkt sich bedeutend auf den Gesamteindruck aus, den der Kunden von Ihnen und dem Produkt erhält. In diesem Zusammenhang sollten Sie unbedingt darauf achten, positive Zauberwörter zu verwenden und negative Anti-Wörter zu vermeiden, da diese den Gesamteindruck unweigerlich dominieren (vgl. Winkelmann (2005), S. 414):

Rhetorik in der Präsentation	
Zauberwörter / positive Formulierungen	**Anti-Wörter / negative Formulierungen**
- Preiswert, wertvoll, hochwertig	- Billig
- Und auf der anderen Seite	- Aber, doch, dennoch, trotzdem
- schon	- erst
- sofort	- gleich, umgehend
- gerade deshalb	- ja, aber trotzdem
- wird, kann (Indikative)	- würde, könnte (Konjunktive)
- Mitbewerber, Wettbewerb	- Konkurrent
- Investition, Kondition, Preis	- Kosten
- Hilfestellung	- Kritik
- Gut, hervorragend, bestens, prima	- Nicht schlecht
- Fragen, Anliegen, Chance, Aufgabe	- Problem
- Verantwortlich ist..., das macht ...	- Dafür bin ich nicht zuständig
- Ich habe mich unklar ausgedrückt	- Sie haben mich falsch verstanden
- Bitte verstehen Sie mich richtig	- Verstehen Sie mich bitte nicht falsch
- Habe ich Ihren Namen richtig verstanden	- Ihren Namen habe ich nicht verstanden

Tabelle 21: Rhetorik in der Präsentation

6.6 Checkliste für eine kundenbezogene Präsentation

Sie haben...	Antworten	
	Ja	Nein
1. den Kunden über den Nutzen informiert, der Ihm aus dem Produkt entsteht?	☐	☐
2. die Produktvorteile direkt mit Bedürfnissen des Kunden verbunden?	☐	☐
3. den Kunden in die Präsentation eingebunden?	☐	☐
4. den Kunden die wichtigsten Schlüsse aktiv selbst erkennen lassen?	☐	☐
5. die Überlegenheit von Bildern ausgenutzt?	☐	☐
6. ein anschauliches Modell mitgebracht, das der Kunde mit allen Sinnen erfahren konnte?	☐	☐
7. das Produkt und Ihre Firma immer positiv dargestellt?	☐	☐
8. ein sorgsames Verhältnis zum Produkt demonstriert?	☐	☐
9. eine Mischung aus den Stilen Dominanz, Distanz und Beziehungsorientiertheit im Kunden erkannt?	☐	☐
10. diese Typisierung erfolgreich ausgenutzt?	☐	☐

Tabelle 22: Checkliste für eine kundenbezogene Präsentation

7. Einwandbehandlung

Der Widerspruch ist es, der uns produktiv macht.

Johann Wolfgang von Goethe (1749-1832), deutscher Dichter

Wenn Sie diese positive Einstellung gegenüber Widersprüchen auch auf Ihr Verkaufsgespräch übertragen, so werden Sie erkennen, dass jeder Einwand des Kunden eine Möglichkeit für Sie darstellt. So können Sie beispielsweise die Zweifel des Kunden mit ihm zusammen ausräumen und dafür sorgen, dass er Vertrauen zu Ihnen gewinnt. Der Kunde testet Sie mit jedem Einwand und zeigt damit, dass er Interesse an dem Gespräch hat. Lassen Sie diese dargebotene Chance nicht ungenützt verstreichen.

Solange die Einwände und ihre Behandlung sachlich bleiben, haben Sie nichts zu befürchten. Einen Streit mit dem Kunden, der auf emotionaler Ebene stattfindet, sollten Sie allerdings um jeden Preis vermeiden, denn sowohl ein Sieg, als auch eine Niederlage, würde für Sie den Verlust des Kunden bedeuten. Bei einer Niederlage werden die negativen Argumente des Kunden bestätigt und in ihrer Bedeutung erhärtet. Bei einem Sieg wird das Selbstwertgefühl des Kunden beschädigt und er wird Sie daraufhin als Feind betrachten. Bleiben Sie also immer sachlich und ruhig und versuchen Sie den Kunden bei Laune zu halten.

7.1 Einwände und Vorwände

Einwände sind in jeder Phase der Verhandlung als positiv zu bewerten, da der Kunde hierdurch zeigt, dass er sich Gedanken über das Produkt macht und dass er überzeugt werden will. Die Einwände sind immer subjektiv aus der Perspektive des Kunden aufgebaut, haben aber aus seiner Sicht objektiv Gewicht. Dies bedeutet für Sie, dass Sie auf Einwände niemals mit Spott oder Ärger reagieren dürfen. Durch eine gezielte Behandlung von Einwänden (siehe Kapitel 1.7.2) können Sie diese sogar zu Ihrem Vorteil nutzen und somit dem Geschäftsabschluss wiederum einen Schritt näher kommen (vgl. Limbeck (2005), S. 172).

Nicht zu verwechseln mit Einwänden sind Vorwände, die der Kunde vorbringt, um eine Schutzbehauptung zwischen Ihnen und sich selbst zu errichten. Es gibt einige Gründe für das Hervorbringen von Vorwänden: Vertrauensmangel, Unsicherheit, Angst. Da all diese Gründe der emotionalen Ebene entstammen, können diese nicht mit rationalen Argumenten widerlegt werden. Außerdem müssen Sie damit rechnen, dass es auch psychologisch ungünstig ist, wenn Sie Vorwände widerlegen oder als solche enttarnen, da der Kunde sich daraufhin entblößt fühlen würde. Mögliche Reaktionen auf diese Bloßstellung sind das Widersprechen ohne sachliche Grundlage oder das Aufbauen einer noch stärkeren emotionalen Wand. Um zu vermeiden, dass der Kunde in diese unangenehme und auch Ihren Absichten unzuträgliche Situation gezwungen wird, müssen Sie mit äußerst viel zwischenmenschlichem Feingefühl agieren (siehe Abbildung 14): Sie stellen eine Kontrollfrage im Sinne von „Wenn das nicht so wäre, täten Sie es dann?". Somit vermitteln Sie das Gefühl, dass Sie das Problem ernst nehmen, aber gerne sehen würden, ob im Moment noch weitere Probleme bestehen. Der Kunde wird daraufhin entweder mit „Nein" antworten, worauf Sie wieder nach dem Grund fragen oder mit „Ja", woraufhin Sie annehmen können, dass es sich um einen echten Einwand handelt, der mit logischer Argumentation ausgeräumt werden kann oder akzeptiert werden muss, falls er nicht zu widerlegen ist (vgl. Schnappauf (1997), S. 395):

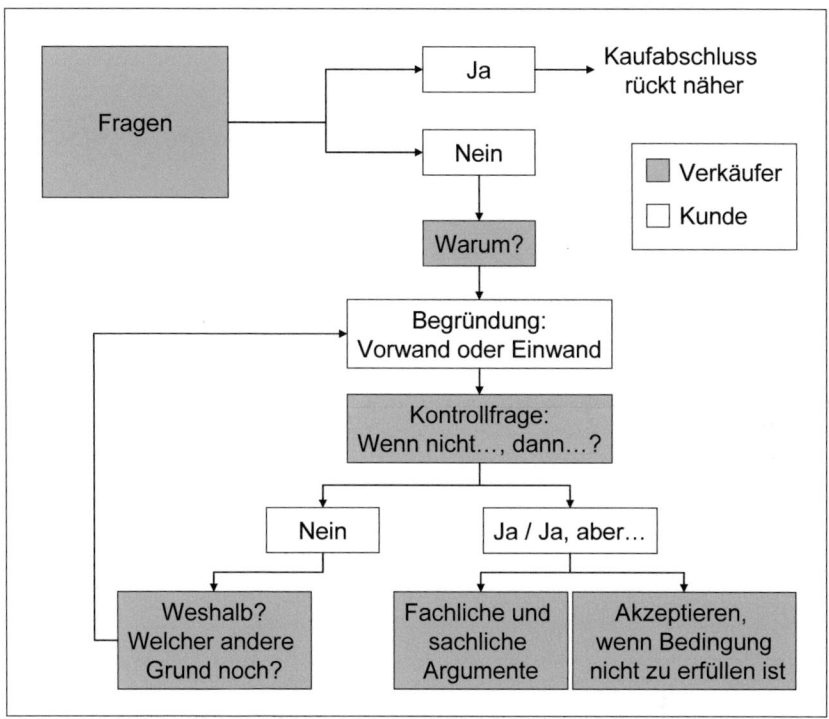

Abbildung 14: Methode zur Unterscheidung von Einwänden und Vorwänden

Die Vorteile dieser Methode liegen auf der Hand (vgl. Schnappauf (1997), S. 396):

- Sie trennen Einwände von Vorwänden, noch bevor Sie zu argumentieren beginnen
- Sie grenzen das Problem genau ein und ermöglichen sich somit eine zielgerichtete Argumentation
- Sie verhindern, dass Ihr Gesprächspartner nach einer Bloßstellung die weitere Verhandlung diskreditiert
- Sie sparen sich und Ihrem Kunden wertvolle Zeit

Die Kontrollfrage in Abbildung 14 ist der kritische Punkt in dieser Methode zur sanften Aufdeckung von Vorwänden: Es liegt an Ihnen, immer die richtige Formulierung zu finden, um dem Kunden eine Blamage durch Aufzeigen der Lüge oder Übertreibung zu ersparen, aber ihn trotzdem in die Richtung der Ehrlichkeit zu lenken. Es folgen einige mögliche Formulierungen (vgl. Limbeck (2005), S. 175):

7.2 Methoden zur Behandlung von Einwänden

Können Sie sich endgültig sicher sein, dass es sich um einen echten Einwand des Kunden handelt, so sollten Sie diesen entweder auflösen oder, falls dies nicht möglich ist, zumindest in seinem Gewicht verringern, indem Sie ihn entweder entkräften oder weitere positive Aspekte hinzufügen. Es wurden zahlreiche Methoden entwickelt, um diese Entkräftung von Einwänden zu erleichtern. Um sich die Übersicht nicht durch eine übermäßige Zahl ähnlicher Möglichkeiten zu erschweren, werden Ihnen hier die acht Methoden vorgestellt, die sich in der Praxis als die erfolgreichsten herausgestellt haben (vgl. Winkelmann (1999), S. 189f):

Bumerang-Methode

Eine Anwendung dieser Technik ist ratsam, wenn Sie merken, dass der vom Kunden soeben vorgebrachte Einwand entgegen seiner Annahme leicht in die Basis für ein Gegenargument umgewandelt werden kann. Sie stimmen also dem Einwand voll und ganz zu und wandeln Ihn dann. Dadurch werden Sie ein Argument von höherer Stärke und Dringlichkeit erhalten, da der Kunde dieses selbst erschaffen hat.

Beispiel für die Bumerang-Methode

<u>*Kunde:*</u> *„Diese Anschaffung können wir uns bei der derzeitigen schwierigen wirtschaftlichen Lage leider nicht leisten."*

Transformationsmethode

Einwände des Kunden werden bei dieser Methode geschickt in Gegenfragen umformuliert. Bei perfekter Anwendung muss der Einwand nicht unter Gefährdung der Beziehung ausgeschaltet werden. Die Gegenfrage zeigt dem Kunden den unzutreffenden Ausgangspunkt seines Einwandes auf, oder veranlasst ihn dazu, den Einwand selbst zu beantworten. Den Kunden bei der Formulierung der Gegenfrage nicht zu belasten oder herauszufordern hat dabei oberste Priorität. Selbst gesetzt den Fall, dass die Gegenfrage das ursprüngliche Problem nicht zu lösen vermag, gewinnen Sie nicht nur weitere Informationen über den Standpunkt des Kunden, sondern auch Zeit zur Ausarbeitung einer weiteren Argumentation.

Beispiel für die Transformationsmethode

Kunde: „Ich möchte die Preisentwicklung erst noch abwarten."

Verkäufer: „Sehen Sie einen Anhaltspunkt dafür, dass sich die Preise für Sie vorteilhaft entwickeln werden?*

Kunde: „Ihr Preis ist zu hoch."

Verkäufer: „Sie meinen damit, dass ich Ihnen noch nicht genug außerordentliche Vorteile aufgezeigt habe, die diesen Preis rechtfertigen?"

Ja-Aber-Technik

Bei dieser sehr beliebten Technik der bedingten Zustimmung sollten Sie das Argument des Kunden zunächst bestätigen, um Ihn zu besänftigen. Folglich wird er eine größere Bereitschaft entwickeln, auch Ihre Ausführungen von Gegenargumenten besser aufzunehmen. Diese Strategie eignet sich jedoch nur für Einwände, die auch aus Ihrer Sicht nicht völlig unberechtigt sind. Allerdings sollten Sie die beiden Worte „ja" und „aber" unbedingt vermeiden, da diese sehr offensichtlich sind. Finden Sie eine der Situation und dem Kunden angemessene Formulierung, wie sie in den folgenden Beispielen demonstriert wird.

Beispiel für die Ja-Aber-Technik

<u>*Kunde*</u>*: „Dieses Modell ist zu modern für mich."*

<u>*Verkäufer*</u>*: „Da haben Sie definitiv recht: dies ist ein sehr modernes Modell. Führende Kritiker bezeichnen es als modernes, an die klassischen Linien und Formen anschließendes Modell, das eine frische und interessante Weiterentwicklung darstellt. Dieses Modell passt auf jeden Fall sehr gut zu Ihrem Stil und Ihrer Ausstrahlung.*

<u>*Kunde*</u>*: „Dazu habe ich keine Zeit."*

<u>*Verkäufer*</u>*: „Ich würde den Zeitaufwand auch scheuen, wenn ich nicht sicher wüsste, dass er in den folgenden Tagen und Monaten durch ein Vielfaches an Zeitersparnis wieder kompensiert würde."*

Zurückstellen von Einwänden
Besonders Problembereiche, in denen zwei unterschiedliche Positionen zu stark verhärteten Fronten führen könnten, sollten nicht zu früh mit dem Kunden diskutiert werden, da das Übereinkommen für andere sonst unbedenkliche Themen dadurch erschwert werden könnte. Bitten Sie deshalb den Kunden um eine Aufschiebung von problematischen Differenzen. Natürlich können und sollten Sie nicht davon ausgehen, dass der Kunde seine Einwände vergisst oder diese zerstreut werden, aber wenn Sie sich mit ihm zusammen über viele andere Punkte einig geworden sind, ist die Bereitschaft zu einer Einigung in schwierigen Themenbereichen deutlich höher.

Aufwertungs-Technik
Als Experte auf Ihrem Gebiet wird es Ihnen vielleicht manchmal passieren, dass Kunden einen Einwand vorbringen, der von fehlender Sachkenntnis oder logischen Fehlern zeugt. Eine abfällige oder überlegene Reaktion auf eine solche Äußerung wird Ihnen vielleicht eine kleine Genugtuung bescheren, kann Sie aber gleichzeitig den Kunden kosten. Überspielen Sie jedoch die Unkenntnis des Kunden taktvoll, so können Sie dadurch seine Sympathie und sein Vertrauen gewinnen.

Beispiel für die Aufwertungs-Technik

Kunde: „Diese Maschine ist mir zu groß."

Verkäufer: „Sie sprechen hier einen sehr guten Punkt an. Auch unsere Entwicklungs-abteilung hat sich der Aufgabe der Verkleinerung dieser Maschine gewidmet. Leider ist dies bei dem aktuellen technischen Stand noch nicht möglich. Allerdings ist diese Maschine im Vergleich zu Maschinen von Wettbewerbern deutlich kleiner."

Referenz-Methode

Durch die Aufführung von Beispielen aus vergleichbaren Unternehmen, die Sie in der Vorbereitungsphase zusammengestellt haben (siehe Kapitel B 1.6.), können Ein-wände des Kunden in den meisten Fällen wirksam entkräftet werden. Versuchen Sie dabei immer vergleichbare oder größere und / oder erfolgreichere Unternehmen zu wählen, um auch gleichsam an das Geltungs- und Nachahmungsbedürfnis des Kun-den zu appellieren. Durch die Referenzen wird auch der Entscheidungsdruck, der auf Ihrem Gesprächspartner lastet, reduziert, da er dieses Argument auch bei der Rechtfertigung der Kaufentscheidung vor sich selbst und anderen gebrauchen kann.

Beispiel für die Referenzmethode

Kunde: „Die Mitarbeiter werden mit diesem neuen Bedienfeld sicher viele Schwierig-keiten haben. Ich bin nicht bereit auch noch teure Umschulungskosten zu tragen."

Verkäufer: „Das Unternehmen Meier hat diese Bedenken zuerst auch geäußert, ist dann aber das Risiko eingegangen und sieht nun die Kosten durch die gesteigerte Ausbringungsmenge mehr als gedeckt."

Zoom-Technik

Die Perspektive mit der wir Dinge betrachten, beeinflusst auch wesentlich den Ein-druck, den wir von diesen Dingen erhalten. Bei der Anwendung der Zoom-Technik bedienen Sie sich genau dieser Tatsache und verändern die Perspektive der Wahr-nehmung Ihres Kunden so, dass ein für ihn sehr viel akzeptableres Bild entsteht. Da-bei lenken Sie den Fokus Ihres Gegenübers auf von ihm akzeptierte Fakten oder Themen, für die er besonders empfänglich ist.

Herstellen eines Wir-Gefühls

Durch die Betonung gemeinsam Ziele und das Herausstellen von früherer erfolgreicher Zusammenarbeit, können Sie dem Kunden deutlich machen, dass Sie gemeinsam an einem Strang ziehen. Durch diese Gesten der Verbrüderung wird eine Win-Win-Situation aufgebaut, bei der alle beteiligten Parteien das positive Gefühl haben, dass sie als Sieger aus dem Geschäft hervorgehen. Grundsätzlich sollten Sie dem Kunden in keinem Moment der Verhandlung das Gefühl geben, dass er als Verlierer aus der Zusammenarbeit hervorgehen könnte.

7.3 Zeitpunkt der Einwandbehandlung

Je nach Art des Einwandes bietet sich ein anderer Zeitpunkt für die Behandlung an. Versuchen Sie diesen Zeitpunkt nicht zufällig eintreten zu lassen, sondern sein Eintreffen gezielt zu steuern. Generell gibt es drei Möglichkeiten für Sie, einen Einwand zu behandeln (vgl. Behle / vom Hofe (2006), S. 197f):

Die Einwandbehandlung bevor der Kunde seinen Einwand formuliert hat, bietet sich besonders an, wenn Sie fest damit rechnen, dass der Kunde einen bestimmten

114

Einwand vorbringen wird oder wenn Sie wissen, dass der Kunde eine Sorge hat, aber davon ausgehen, dass er diese nicht unbedingt ansprechen wird. Für den Fall, dass der Kunde einen Einwand definitiv ausdrücken wird, sichern Sie sich somit gegen die Konfrontation mit dem Problem zum falschen Zeitpunkt ab und demonstrieren Ihre Kompetenz und Ihr Gespür für die Probleme des Kunden. Für den Fall, dass der Kunde eine Sorge empfindet, diese vielleicht aber nicht artikulieren wird, da er sich davon keinen Mehrgewinn erwartet, z.b. die Einhaltung der Abmachungen oder die Qualität des Produktes, sollten Sie diese Problempunkte auch unbedingt ansprechen, da Sie so kognitiven Dissonanzen vorbeugen (siehe Kap. B 10.1) und gleichzeitig weitere positive Eindrücke beim Kunden erwecken. Davon auszugehen, dass der Kunde nach Ihrer Nennung des Problems nicht vielleicht weitere darauf bezogene Fragen stellen wird, oder dass seine Sorgen durch Ihre Versicherungen komplett ausgeräumt werden, wäre natürlich falsch, aber zumindest behalten Sie so die Rolle des stillen Lenkers der Verhandlung und sichern sich gleichzeitig das Vertrauen des Kunden.

Beispiel für die Einwandbehandlung vor dem Einwand

Verkäufer: „Die Maschine reinigt sich automatisch. Deshalb zahlen Sie dafür auch mehr als für das Konkurrenzprodukt. Ich werde Ihnen nachher vorrechnen, dass die Ersparnis um ein Vielfaches höher ist als der Mehrpreis."

Verkäufer: „Sie fragen sich vielleicht, ob wir das ehrgeizige Versprechen der extrem kurzen Lieferzeit einhalten können. Ich kann Sie hier voll und ganz beruhigen. Dies ist eine Aufstellung der durchschnittlichen Lieferzeit unserer Firma im letzten Jahr, die in Zusammenarbeit mit unseren Kunden erarbeitet und bestätigt wurde."

Die Einwandbehandlung sofort nachdem der Kunde seinen Einwand ausgesprochen hat, sollte für Sie den Normalfall darstellen. Achten Sie aber darauf, dass Sie, auch wenn Ihnen die Antwort schon auf der Zunge liegt, eine kurze Pause vor der Beantwortung des Einwandes einlegen. Ein zu schnelles Antworten könnte der Kunde mit einer auswendig rezitierten Standardantwort assoziieren. Gehen Sie auf den Kunden ein, bestätigen Sie die Wichtigkeit seines Einwandes und antworten Sie immer mit Situationsbezug.

Die Einwandbehandlung zu einem späteren Zeitpunkt kommt in Situationen in Betracht, in denen Sie entweder gerade in der Beantwortung eines anderen relevanten Punktes stecken oder in denen Sie von dem Einwand derart überrascht werden, dass Sie etwas Bedenkzeit vor einer strukturierten Beantwortung benötigen. Auch eine Verschiebung von konfliktträchtigen Problemen kann, wie bereits vorher erörtert, eine Option darstellen, falls Sie vorher Einigungen in einfacheren Punkten erwirken möchten. Besonders bei einer Verhandlung mit einer Gruppe von Einkäufern sollten Sie die Einwandbehandlung zurückstellen, da einzelne Punkte vielleicht nicht jeden interessieren und deswegen an den richtigen Punkt der Verhandlung gestellt werden sollten.

Beispiel für eine Zurückstellung von Einwänden

Verkäufer: „Darf ich Ihre Frage gleich anschließend beantworten, wenn ich die Zusammenhänge des derzeitigen Gesprächspunktes komplett dargestellt habe?"

7.4 Checkliste für eine überzeugende Einwandbehandlung

Sie haben...	Antworten	
	Ja	Nein
1. trotz Einwänden immer eine freundliche und gelassene Stimmung bewahrt?	☐	☐
2. Einwände und Vorwände erkannt?	☐	☐
3. Einwände als Teil Ihres Verkaufskonzeptes verwendet?	☐	☐
4. Vorwände nicht mit rationaler Argumentation angegriffen?	☐	☐
5. verschiedene Methoden der Einwandbehandlung angewendet?	☐	☐
6. den Kunden für Einwände auch gelobt?	☐	☐
7. Einwände auch behandelt, bevor der Kunde diese äußerte?	☐	☐
8. sich vergewissert, dass der Kunde von Ihrer Einwandbehandlung überzeugt wurde?	☐	☐
9. keine zu schnellen oder standardisierten Antworten auf Einwände gegeben?	☐	☐
10. konfliktträchtige Einwände zurückgestellt?	☐	☐

Tabelle 23: Checkliste für eine überzeugende Einwandbehandlung

8. Preisverhandlung

Es gibt kaum etwas auf der Welt, das nicht irgendjemand ein wenig schlechter machen und etwas billiger verkaufen könnte.

John Ruskin (1819-1900), englischer Schriftsteller

Die Preisargumentation stellt einen besonders kritischen Punkt in der Geschäftsverhandlung dar, da hier ein großes Risiko des Abbruchs der Verhandlungen besteht. Dieses Risiko entspringt der Tatsache, dass von Ihnen und vom Kunden in dieser Phase zwei komplett entgegengerichtete Positionen eingenommen werden müssen, da jeder sonst seinen eigenen Interessen schaden würde. Trotzdem ist die Vermittlung des Preises natürlich unumgänglich, mit diversen Taktiken können Sie jedoch versuchen, den negativen Einfluss des Preises auf die bisherigen Verhandlungen möglichst gering zu halten.

Sowohl die Einstellung der Kunden, die immer mehr auf günstigere Preise drängen und sich durch das Internet schnell und umfassend informieren und Vergleichswerte heranziehen können, als auch die Tatsache, dass immer mehr Firmen professionelle Einkaufsexperten einsetzen, verkompliziert diese ohnehin schon schwierige Situation zusätzlich. Da gilt es als Verkäufer einen kühlen Kopf zu bewahren und auf alle Eventualitäten vorbereitet zu sein.

8.1 Unternehmensstrategie und Stellung

Auch in dieser Phase benötigen Sie als Grundwissen bestimmte Informationen, die Sie sich bereits in der Vorbereitung angeeignet haben sollten. Die Unternehmensstrategie (Preisführerschaft, Qualitätsführerschaft oder Nischenstrategie) und die relative Stellung zu Ihren Wettbewerbern in den Bereichen Preis, Qualität, Design, Service, etc. sollten Ihnen geläufig sein, damit Sie Ihre Argumentationsstruktur für die Preisverhandlung darauf aufbauen können.

8.2 Preispositive und preisnegative Waren

Generell lassen sich Waren in zwei Gruppen einteilen, die für den Verkäufer verschiedene Herausforderungen darstellen (vgl. Goldmann (1975), S. 81):

Preispositive Waren sind diejenigen, die vom Kunden stark erwünscht werden. Er ordnet sie in seiner individuellen Wertskala sehr hoch ein und ist dementsprechend nicht sehr preissensitiv. Beispiele sind hier vor allem Waren, mit denen ein großer individueller Wert verbunden wird. Luxusgüter, Sportausrüstung, modische Kleidung oder ähnliches haben für die meisten Menschen eine große Bedeutung und werden mit dem individuellen Lebensstil verbunden. Dieser stellt für viele Menschen einen zentralen Wert im Leben dar und wird deshalb auch gegen steigende Kosten verteidigt. Bei dieser Art von Waren wird im Vorfeld oft ein sehr hoher finanzieller Aufwand in Form von Werbung und Direktmarketing betrieben, wodurch die Herausforderung an Sie in der Preisverhandlung dann deutlich geringer ausfällt.

Preisnegative Waren sind für die meisten Menschen Waren oder Dienstleistungen, die zwar notwendig sind, aber keinen persönlichen Wert darstellen, weswegen Kunden äußerst preissensitiv reagieren. Versicherungen oder Reparaturleistungen gehören für fast alle Menschen zum notwendigen „Übel", jedoch verbinden sie keinen direkten persönlichen Nutzenzuwachs damit. So ist z.B. nicht von einem Prestigegewinn oder Freizeitnutzen auszugehen, wenn eine Versicherung abgeschlossen wird. Beim Käufer entsteht also eine natürliche Ablehnung, seine Ressourcen durch eine Investition zu schmälern, von der er keinen augenscheinlichen Mehrwert hat. Bei dieser Art von Waren sind Sie als Verkäufer umso mehr gefordert und müssen durch geschickte Argumentation für die preisnegativen Waren eine hohe Wertvorstellung aufbauen. Zum Beispiel kann man dem Kunden einen Wartungsvertrag, mit dem

Nutzen eines allzeit verlässlichen Gerätes und mit der Ausführung von Nachteilen bei einem möglichen Ausfall ohne einen derartigen Vertrag, „schmackhaft" machen. Bietet man beispielsweise eine Mobilitätsversicherung, dann hat diese für einen dynamischen Kunden den Nutzen, dass er niemals mit Einschränkungen in seinem aktiven Lebensstil zu rechnen hat, die durch Defekte an seinem PKW verursacht werden könnten.

8.3 Moment der Preisinformation

Da die Preisinformation in den meisten Fällen mit einer negativen Empfindung beim Käufer verbunden ist, sollten Sie versuchen, die Frage des Preises möglichst lange hinauszuzögern. Dadurch lassen sich eine frühe Gegnerschaft und gegebenenfalls der Preisschock vermeiden. Des Weiteren sollte der Preis erst erwähnt werden, wenn eine Identifikation mit dem Produkt festzustellen ist und bereits eine hohe Wertvorstellung aufgebaut wurde, welche den Preis rechtfertigt. Der Preis kann dann im Nutzen eingepackt präsentiert werden und wirkt nicht isoliert. Es ist außerdem zu empfehlen, den Preis in eine Mittelposition des Gesprächs zu bringen, da die Anfangs- und Schlussinformationen beim Kunden oft am effektivsten abgespeichert werden (vgl. Bänsch (2006), S. 81).

Beispiel für Mittelposition des Preises

Verkäufer: „Bei diesem Angebot erhalten Sie das Auto mit dem sparsamen Dieselmotor, der pro 100 Kilometer nur ca. 6,2 Liter im Durchschnitt verbrauchen wird, Seitenairbags, die vom ADAC als zuverlässigste ihrer Klasse ausgezeichnet wurden, und Diebstahlsicherung für nur 26.900 € inklusive Winterreifen und Klimaanlage.

Verlangt der Kunde Ihrer Ansicht nach zu früh nach der Preisinformation, dann können Sie versuchen, die Frage zurückzustellen. Generell gibt es dazu für Sie die Möglichkeiten des Überhörens, des Ablenkens durch Gegenfrage und des Erbittens einer Zurückstellung. Vor allem die ersten beiden Alternativen sind jedoch mit Vorsicht zu genießen, da sie bei zu konsequenter Umsetzung den Käufer leicht verärgern und ihm das Gefühl geben können, dass Sie ihn nicht ernst nehmen oder eine große Angst haben, den Preis zu nennen. Das Ablenken durch eine Gegenfrage kann dagegen ohne Gesichtsverlust stattfinden, wenn man den Kunden sogleich nach der

gewünschten Zusammensetzung der möglichen Variante fragt, die den Preis bestimmt, und dann mit ihm wieder über die Vorteile der einzelnen Möglichkeiten
spricht (vgl. Bänsch (2006), S. 80).

Beispiel für Ablenkung durch Gegenfrage

Kunde: „Und was kostet das dann?"

*Verkäufer: „Das werde ich gerne mit Ihnen durchrechnen, aber generell hängt das
natürlich von der Zusammenstellung ab, die Sie bevorzugen würden. Fangen wir am
besten mit der Auswahl der Airbags an: Ich kann Ihnen hier nur empfehlen, die Erweiterung für die Türen zu wählen, damit Ihr Kindersitz im Falle eines seitlichen Auf-
pralls auch komplett abgesichert ist. Welche von den hier abgebildeten Varianten
würden Sie bevorzugen?*

8.4 Einstellung zum Preis

Unabhängig vom Zeitpunkt der Preisnennung, sollten Sie als Verkäufer niemals
selbst eine Hemmung vor Ihrem Preis haben. Denn falls der Kunde bei Ihnen einen
„Preiskomplex" spüren kann, so wird er sicher auch schneller davon ausgehen, dass
Ihre Forderung überzogen ist. Bleiben Sie deshalb in Gestik und Mimik ruhig und
nennen Sie mit klarer Stimme den Preis. Versuchen Sie allerdings nicht, nach der
Preisnennung eine zu lange Pause entstehen zu lassen. Fassen Sie am besten noch
einmal sicher die Nutzenargumente zusammen, die Sie vorher mit dem Kunden erarbeitet haben (vgl. Limbeck (2005), S. 195).

8.5 Techniken in der Preisargumentation

Ist man am Punkt der Preisargumentation mit dem Kunden angelangt, so kann durch
geschickte Kommunikationsmethoden versucht werden, den unangenehmen Teil der
Preisargumentation in angenehme Umstände zu verpacken. Folgende Methoden
können hilfreich sein, um den Kunden möglichst schonend an die Preisinformation
heranzuführen (vgl. Bänsch (2006), S. 81 ff):

Optische Verkleinerung: Es werden relativ kleine Einheiten für größere Mengen gewählt, um die Preise optisch kleiner zu gestalten. Diese Technik ist allerdings mit Vorsicht zu genießen, da sie zu kognitiven Dissonanzen in der Nachkaufphase führen kann.

Beispiel für optische Verkleinerung:

<u>*Verkäufer:*</u> *„So kostet Sie dieses Kabel nur 25 Cent pro Zentimeter."*

Semantische (=sprachliche) Verkleinerung: Durch eine geschickte Wortwahl werden psychologische Effekte genützt, die dem Kunden einen geringen Preis vermitteln. Einerseits werden Verkleinerungen wie „lediglich", „nur" und „Sonder-", „Discount-" und „Dankeschönpreise" verwendet und andererseits werden die Zahlen weich gestaltet, indem Hunderterpreise genannt werden.

Beispiel für semantische Verkleinerung:

<u>*Verkäufer:*</u> *„Sie erhalten dies alles zu einem Treuepreis von lediglich Vierzehnhundert Euro"*

Vergleichsmethode: Der Vergleich des Preises mit dem deutlich höheren Preis der Premiumvariante und die Nennung der Ersparnis erzeugt für den Kunden eine positive Kognition.

Beispiel für die Vergleichsmethode:

<u>*Verkäufer:*</u> *„Sie zahlen für dieses Modell lediglich 29.900 €, während die S-Edition in dieser Klasse ganze 36.900 € kostet und, wie wir gerade zusammen festgestellt haben, für Sie keine wesentlichen Funktionen in Ihrem täglichen Gebrauch zusätzlich bieten würde. Sie sparen bei dem Kauf des für Sie konzipierten Modells also volle 7.000 €!"*

Subtraktionsmethode: Inzahlungnahmen von älteren Geräten oder Gutschriften aus früheren Geschäftsbeziehungen werden sofort in den Preis mit eingerechnet und Sie nennen nur noch den verminderten Preis.

Bagatellisierungsmethode: Falls zwischen konkurrierenden Angeboten auf den Gesamtpreis bezogen nur relativ geringe Preisunterschiede bestehen, so können Sie diese entwerten, um mögliche Kaufhemmnisse abzubauen.

Beispiel für die Bagatellisierungsmethode:

Verkäufer: „Sie sollten sich in diesem Fall vor Augen führen, dass Sie durch eine zusätzliche Investition von nur 100 € nicht nur eine bessere Klangqualität erhalten, sondern auch ein Design erwerben, das deutlich zukunftsweisender ist."

Zerlegungsmethode: Durch die Nennung von Teilpreisen können Sie vermeiden, den gesamten Preis sofort zu Anfang der Preisdiskussion angeben zu müssen. Besonders bei Automobilen, Reisen und Mietpreisen erfreut sich diese Methode größter Beliebtheit. Um allerdings zu verhindern, dass der Kunde am Ende kognitive Dissonanzen davon trägt, sollte der Gesamtpreis unbedingt zu einem späteren Zeitpunkt in der Verhandlung genannt werden.

Gleichnismethode: Die erschreckende Wirkung des Preises wird durch Umrechnung in alltägliche Kleinausgaben oder durch Gegenüberstellung der täglich vermiedenen Kosten relativiert.

Beispiele für die Gleichnismethode:

Verkäufer: „Eine Verwendung dieser Tagescreme kostet Sie also nicht mehr als die morgendliche Tasse Kaffee."

Verkäufer: „Durch die erhöhte Energieeffizienz sparen Sie im Vergleich zu Ihrem jetzigen Gerät ca. 10 € im Monat, also 120 € im Jahr. Nach nur zwei Jahren haben Sie also die Investition wieder ausgeglichen und jedes weitere Jahr können Sie praktisch 120 € mehr Gewinn verbuchen."

Kompensationsmethode: Ist der Preis im Vergleich zu anderen Produkten relativ hoch, so sollten Sie unbedingt den Kundennutzen direkt vor und / oder nach der Preisnennung noch einmal detailliert ausführen. Achten Sie hier besonders auf die Nennung der Vorteile im Vergleich zu günstigeren Produkten (Qualität, Design,

Service, etc.). Wiederholte Nennung kann, falls Sie geschickt angestellt wird, zu einem Lerneffekt beitragen (siehe Kap. B 6.2.1).

Demonstrationsmethode: Durch eine besonders drastische Vorführung des Produktes und dessen Kundennutzen wird der Preis in den Hintergrund gedrängt. Ausgezeichnete Beispiele für diese Methode bieten das Teleshopping und Marktstände: Ein Reinigungsmittel entfernt in kürzester Zeit Blaubeerflecken und Tinte aus weißen Stoffen und Messer schneiden mühelos durch Konservendosen und Wanderschuhe. Doch auch als Verkäufer für Industriemaschinen oder Löschsysteme können Sie vielleicht den einen oder anderen Kunden durch eine Vorführung der technischen Möglichkeiten in Staunen versetzen. Denken Sie ruhig einmal darüber nach, ob es eine bis jetzt ungenutzte Methode gibt, ihr Produkt durch eine Demonstration in Szene zu setzten.

8.6 Ausgestaltung der Preise

Bei der Ausgestaltung der Preise kann unterschieden werden zwischen glatten und gebrochenen Preisen, sowie zwischen runden, geraden und ungeraden Zahlen.

Bei der Überlegung ob glatte (10 €) oder gebrochene (9,80 €) Preise verwendet werden sollten, wird davon ausgegangen, dass die Käufer im Kopf die Preise auf- bzw. abrunden. Empirische Untersuchungen konnten allerdings nicht eindeutig nachweisen, dass sich hier eine Regel für alle Personen und alle Produkte treffen lässt. Herausgefunden wurde, dass zu glatte Preise zwar angenehm in der Handhabung sind, jedoch auch mit einer Art Überschlagskalkulation assoziiert werden können. Gebrochene Preise dagegen können als ein Indiz für genaue Kalkulation gesehen werden, bei der alle Kostenfaktoren genauestens erfasst wurden und der resultierende Preis deshalb kaum Verhandlungsspielraum beinhaltet. Besonders im Industriegüterbereich lässt sich deshalb ein gebrochener (aber auch nicht eindeutig auf- oder abrundbarer) Preis empfehlen (vgl. Hartmann (1955), S. 102f).

Auch bei der Entscheidung ob runde (0 und 5), glatte (2, 4, 6, 8) oder ungerade (1, 3, 7, 9) Zahlen verwendet werden sollten, besteht keine empirische Absicherung, welche die Wahl unterstützt. Untersuchungen zur psychologischen Wirkung von Preisen haben zwar ergeben, dass vor allem die Endziffern 1 und 7 mit Charakterisierungen wie eckig, gespannt, hässlich und aufdringlich negativ herausragten, jedoch ist auch hier kein direkter Einfluss auf die Kaufentscheidung nachgewiesen worden (vgl. Hartmann (1955), S. 106f).

Deshalb sollten Sie als guter Verkäufer selbst einmal ausprobieren, wie Ihre Kunden auf verschiedene Ausgestaltungen von Preisen reagieren. Besonders bei Geschäftspartnern mit langjähriger Beziehung sollten Sie Erfahrungswerte gesammelt haben und somit in der Lage sein, die letzten Ziffern der Preise je nach Vorlieben Ihrer Verhandlungspartner zu gestalten. Natürlich ersetzt die optische Ausgestaltung der Preise nicht die Verhandlung, aber im Endeffekt sollten Sie jedes Detail, das Ihnen dabei helfen könnte den Verhandlungsablauf für den Kunden und Sie angenehmer zu gestalten, auch beachten.

8.7 Preiseinwände

Natürlich wird es in vielen Fällen trotz der Beachtung aller hier genannten psychologischen Hilfen bei der Preisnennung zu Einwänden von Seiten des Kunden kommen. Falls diese auftreten, sollten Sie zuerst analysieren, warum der Kunde die Einwände vorbringt (vgl. Limbeck (2006), S. 204):

1. Der Kunde verfügt über unzureichende finanzielle Mittel
2. Der Kunde verfügt nur temporär nicht über die notwendigen Mittel
3. Dem Kunden erscheint der Preis im Verhältnis zur Leistung verhältnismäßig zu hoch
4. Dem Kunden erscheint der Preis im Vergleich zu Konkurrenzangeboten zu hoch
5. Der Kunde bringt die Einwände aus Prinzip oder strategischen Gründen vor, um Nachlässe zu erwirken

Bei 1. scheint ein Abbruch der Verhandlungen fast unumgänglich, falls mit dem Kunden nicht, wie dies bei 2. der Fall ist, eine Finanzierungsmethode (Kauf auf Raten) vereinbart werden kann. Generell ist aber auch in diesen beiden Fällen nicht ein unverhältnismäßig hoher Nachlass zu gewähren, da sich dies herumsprechen könnte und dann mehrere Kunden versuchen könnten, die gleiche Situation zu simulieren. Der Nutzen des Produktes, der dem Kunden durch den Geschäftsabschluss entsteht, wurde von Ihnen im 3. Fall noch nicht klar genug dargestellt, um den Preis zu rechtfertigen. Hier und auch im 4. Fall sollte der spezifische Kundennutzen und die Vorteile gegenüber der derzeitigen Situation und bestehenden Lösungen der Konkurrenz nochmals von Ihnen erläutert werden, um die Einwände abzuwehren. Besonders im 5. Fall sollte eine starke Gelassenheit und ein konstantes Festhalten an dem genannten Preis praktiziert werden.

Natürlich sind die einzelnen Fälle nicht immer so einfach zu differenzieren, wie dies hier dargestellt wird, aber mit zunehmender Erfahrung werden Sie lernen, die auftretende Mischung der Motive für Preiseinwände relativ genau in die genannten Dimensionen einzuteilen und dementsprechend zu reagieren.

8.8 Preisnachlässe und Zugeständnisse

Die wichtigsten Prinzipien, die Sie sich bezüglich Preisnachlässen und Rabatten immer wieder vor Augen halten sollten, sind (vgl. Scherer (2006), S. 95ff):

1. Keine einfachen Rabatte!

Falls Sie der Überzeugung sind, dass der Kunde ohne einen gewissen Nachlass den Kauf nicht abschließen wird, und ihre Kalkulation auch den nötigen Spielraum bietet, dann ermöglichen Sie dem Kunden den Triumph, den er erfährt, wenn er seine Forderungen gegen Sie durchsetzt. Erstens stellen Sie somit sicher, dass er in Zukunft nicht davon ausgehen wird, dass Sie Rabatte auf die erste Anfrage hin verteilen und zweitens erhalten Sie dann auch die Möglichkeit im Gegenzug etwas vom Kunden zu fordern.

2. Fordern Sie im Gegenzug etwas vom Kunden!

Machen Sie dem Kunden deutlich, dass es sich bei der Verhandlung um ein „Geben und Nehmen" handeln muss. So können Sie für eine Preisminderung z.B. höhere Abnahmemengen, die Annahme Ihrer Lieferbedingungen oder die Empfehlung an weitere Kunden verlangen.

3. Indirekte Rabatte sind besser als monetäre Rabatte!

Versuchen Sie immer dem Kunden lieber exklusive Vorteile einzuräumen, als ihm direkte Preisnachlässe zu gewähren. So kann eine Steigerung des Kundennutzens z.B. durch Lieferung frei Haus, Zubehör oder Services (wie Produkteinweisung oder

Wartung) dazu führen, dass der Kunde den Preis akzeptieren kann, ohne dass Sie in die gefährliche Preisspirale gezogen werden.

Um Ihnen noch einmal deutlich zu machen, welche Folgen aus zu leicht zugestandenen Preisnachlässen resultieren, folgt nun eine Hochrechnung anhand eines Beispiels:

Gehen wir für dieses Beispiel einmal davon aus, dass Sie normalerweise einen Bruttogewinn von 15% registrieren können, wenn Sie Ihre Produkte nach Listenpreisen verkaufen. Nehmen wir weiter an, dass Sie dem Kunden einen Nachlass von 3 Prozent (nichts anderes passiert übrigens auch bei der Gewährung von Skonto) gewähren. Die Rechnung lautet also:

$$[\text{Gewinn (geplant)} / \text{Gewinn (realisiert)}] - 1 = \text{Entgangener Gewinn}$$

$$[\quad 15 \quad / \quad 12 \quad] - 1 = 0{,}25 = 25\%$$

Für diesen Beispielfall würde dies also bedeuten, dass Sie Ihren Gewinn um ein Viertel vergrößern könnten, wenn es Ihnen gelingen würde, den Kunden in der Verhandlung von einem indirekten Rabatt statt dem Skonto zu überzeugen.

Damit Sie ganz einfach nachsehen können, welche Auswirkungen Preisnachlässe auf Ihre Geschäfte haben, können Sie in der nachfolgenden Tabelle einmal Ihre meistverkauften Produkte (über deren Gewinn nach Listenpreis) nachsehen (vgl. Behle / vom Hofe (2006), S. 277):

Preissenkungen: Entgangener Gewinn (in Prozent)

Preissenkung	Entgangener Gewinn bei einem geplanten Bruttogewinn von:							
	5%	10%	15%	20%	25%	30%	35%	40%
1%	25,0	11,1	7,1	5,3	4,2	3,4	2,9	2,6
2%	66,6	25,0	15,4	11,1	8,7	7,1	6,1	5,3
3%	150,0	42,8	25,0	17,6	13,6	11,1	9,4	8,1
4%	400,0	66,6	36,4	25,0	19,0	15,4	12,9	11,1
5%		100,0	50,0	33,3	25,0	20,0	16,7	14,3
6%		150,0	66,6	42,9	31,6	25,0	20,7	17,6
7%		233,3	87,5	53,8	38,9	30,4	25,0	21,2
8%		400,0	114,3	66,7	47,1	36,4	29,6	25,0
9%		900,0	150,0	81,8	56,3	42,9	34,6	29,0
10%			200,0	100,0	66,7	50,0	40,0	33,3
11%			275,0	122,2	78,6	57,9	45,8	37,9
12%			400,0	150,0	92,3	66,7	52,2	42,9
13%			650,0	185,7	108,3	76,5	59,1	48,1
14%			1.400,0	233,3	127,3	87,5	66,7	53,8
15%				300,0	150,0	100,0	75,0	60,0
16%				400,0	177,8	114,3	84,2	66,7
17%				566,7	212,5	130,8	94,4	73,9
18%				900,0	257,1	150,0	105,9	81,8
19%					316,7	172,7	118,8	90,5
20%					400,0	200,0	133,3	100,0
21%					525,0	233,3	150,0	110,5
22%					733,3	275,0	169,2	122,2
23%					1.150,0	328,6	191,7	135,3
24%					2.400,0	400,0	218,2	150,0
25%						500,0	250,0	166,7

Tabelle 24: Preissenkungen: Prozentualer entgangener Gewinn

8.9 Checkliste für eine erfolgreiche Preisverhandlung

Sie haben...	Antworten	
	Ja	Nein
1. Ihre Preisargumente auf der Strategie Ihres Unternehmens aufgebaut?	☐	☐
2. Ihr Produkt als preisnegativ oder –positiv erkannt und daraus die nötigen Schlüsse für die Preisverhandlung gezogen?	☐	☐
3. einen genauen Plan verfolgt, in welchem Moment der Verhandlung Sie den Preis anbringen?	☐	☐
4. eine zum Produkt passende Technik zur Nennung des Preises gewählt?	☐	☐
5. den Preis Ihres Produktes durch Nutzen aufwiegen können?	☐	☐
6. haben die Preise gemäß psychologischer Überlegungen definiert?	☐	☐
7. Preiseinwände getrennt ausgeschaltet?	☐	☐
8. keine einfachen Rabatte eingeräumt?	☐	☐
9. Forderungen für Nachlässe erfolgreich durchgesetzt?	☐	☐
10. indirekte Rabatte vor direkten eingeräumt?	☐	☐

Tabelle 25: Checkliste für eine Preisverhandlung

9. Geschäftsabschluss

Viele sind hartnäckig in Bezug auf den einmal eingeschlagenen Weg, wenige in Bezug auf das Ziel.

Friedrich Nietzsche (1844-1900), deutscher Philosoph

Nehmen wir einmal an, dass das Gespräch bis jetzt perfekt verlaufen ist: Sie hatten einen unkomplizierten Start mit dem Kunden, konnten seine Bedürfnisse mit ihm klar herausarbeiten, all seine Einwände wurden von Ihnen erfolgreich behandelt und Sie einigten sich über den Preis. All diese Erfolge werden Ihnen nicht weiter helfen, wenn Sie es jetzt nicht schaffen, mit dem Kunden zusammen den letzten Schritt zu gehen und das Geschäft abzuschließen.

Fürchten Sie sich nicht vor dem Moment der Entscheidung des Kunden und zögern Sie diese nicht unnötig hinaus. Denn einerseits wird der Kunde Ihre Unsicherheit, zumindest unterbewusst, wahrnehmen und dadurch auch an Ihnen und Ihrem Produkt zu zweifeln beginnen und andererseits sollten Sie immer davon ausgehen, dass die Zeit des Kunden eines seiner wertvollsten Güter ist. Sie können es sich somit auf keinen Fall leisten, diese zu verschwenden.

9.1 Abschlusssignale

Die Bereitschaft des Kunden, das Geschäft zu einem Abschluss zu bringen, kann sich während der gesamten Verhandlung einstellen. Deshalb sollten Sie immer darauf achten, ob sich gewisse Hinweise auf diese Bereitschaft beim Kunden beobachten lassen. Gehen Sie nicht davon aus, dass der Kunde Ihnen immer direkt mitteilen wird, dass er sich von Ihren Argumenten überzeugt fühlt und dass er den Vertrag nun gerne mit Ihnen abschließen würde.

Die Abschlusssignale lassen sich sowohl am Verhalten als auch an den sprachlichen Äußerungen des Kunden erkennen (vgl. Schnappauf (1997), S. 453):

Sprachsignale	Signale aus dem Verhalten
Sprachliche Veränderung (z.B. von nüchtern zu humorvoll)	Körperliche Veränderung (Wechsel in entspanntere Körperhaltung)
Erkundigung über Details (Zahlungsweise, Lieferfrist, Service,…)	Ergreifen des Produktes (genaues Befühlen und Betrachten)
Zustimmen (z.B. „Hm, hm", „Ja…")	Kopfnicken
Schweigen nach vorherigen Fragen	Zustimmendes Lächeln

Tabelle 26: Sprachliche und körperliche Abschlusssignale des Kunden

Falls Sie diese Abschlusssignale von der Seite des Kunden wahrnehmen können, dann sollten Sie unbedingt den Geschäftsabschluss mit Abschlusstechniken gezielt ansteuern, denn eine weitere Ausführung von positiven Argumenten könnte zum „Überverkauf", d.h. zur Übersättigung des Kunden durch zu lange Darstellungen, führen. Doch sollten Sie es wiederum auch vermeiden, die Abschlusstechniken anzuwenden, bevor Sie die Abschlusssignale des Kunden wahrnehmen, da dies zu einem so genannten „Hochdruckverkauf" führen würde. Bei dieser Art stimmt der Kunde zwar durch den von Ihnen ausgeübten Druck zu, bereut aber in der Folge den Abschluss und lastet Ihnen dieses Gefühl persönlich an. Möglicherweise kommt es sogar zu negativer Mund-zu-Mund-Kommunikation, hierbei wird die Unzufriedenheit an weitere potenzielle Kunden weitergegeben (vgl. Bänsch (2006), S. 89).

9.2 Testen der Kaufbereitschaft

Durch die soeben dargestellten Prämissen, die Abschlusstechniken weder zu früh noch zu spät anzuwenden, da dies den Abschluss in Gefahr bringen kann, geraten Sie natürlich in ein Dilemma: Wie können Sie sicherstellen, dass der Kunde wirklich zum Abschluss bereit ist und Sie seine Signale nicht falsch interpretiert haben? Nur der Kunde kann Ihnen diese Frage mit absoluter Sicherheit beantworten. Also fragen Sie Ihn einfach in Form eines Probeabschlusses, der sich besonders in folgenden Kaufsituationen gut anwenden lässt (vgl. Behle / vom Hofe (2006), S. 220):

-   Sie nehmen Signale vom Kunden wahr, aber sind sich nicht sicher, ob Sie diese vielleicht überinterpretieren. In dieser Situation empfiehlt sich eine Frage im Konjunktiv an den Kunden.

Beispiele für Probeabschlüsse bei Abschlusssignalen des Kunden

Verkäufer: „Angenommen, Sie wollten sich für mein Angebot entscheiden, was müssten wir dann noch klären?"

Verkäufer: „Gibt es noch etwas, das ich für Sie tun könnte, um Ihre Entscheidung abzusichern? Was wäre aus Ihrer Sicht der nächste sinnvolle Schritt?"

-   Sie haben dem Kunden den Nutzen dargestellt und / oder gute Referenzen genannt und konnten alle Einwände ausschließen. Allerdings können Sie weder an seinem Körper noch an seiner Sprache Signale zur Bereitschaft wahrnehmen und wollen nun prüfen, ob Sie diese vielleicht nur übersehen haben.

Beispiele für Probeabschlüsse ohne Abschlusssignale des Kunden

Verkäufer: „Nun habe ich Ihnen drei für Sie wichtige Vorteile unserer Maschine demonstriert. Welcher Vorteil würde Ihnen in Ihrer Situation am meisten nutzen?"

Verkäufer: „Ich meine, dieser Maschinentyp würde am besten Ihren Bedürfnissen gerecht werden. Würden Sie dieser Einschätzung zustimmen?"

Die Reaktion des Kunden auf diese Fragen wird Ihnen wahrscheinlich deutlich zeigen, ob er bereit ist, das Geschäft zum Abschluss zu bringen. Lassen Sie sich allerdings nicht zu schnell von einem vorläufigen „Nein" des Kunden entmutigen. Einer Untersuchung zufolge überwinden nur 10 Prozent der Verkäufer das erste „Nein" der Kunden. Beharrlichkeit wird jedoch hoch entlohnt, da eine Studie nachweist, dass 80 Prozent der Verkäufe an Geschäftskunden mehr als vier Kontakte benötigen, bis sie zustande kommen. Besonders in größeren Konzernen kann dies wohl auf die unternehmensinternen Regelungen zur Entscheidungsfindung zurückgeführt werden (vgl. Behle / vom Hofe (2006), S. 220).

9.3 Abschlusstechniken

Sie sollten sich immer darüber im Klaren sein, dass Ihnen Abschlusstechniken in speziellen Fällen zwar dabei helfen können einen noch zögernden Kunden zum Kauf zu bewegen, dass es sich dabei allerdings nicht um eine fehlerlose Wunderwaffe des Verkaufens handelt. Falls Sie den Kunden bis jetzt nicht vom Nutzen Ihres Produktes überzeugen konnten, wird Ihnen auch die beste Abschlusstechnik nicht weiterhelfen. So haben Befragungen unter industriellen Einkäufern gezeigt, dass die verschiedenen Abschlusstechniken bei den Kunden zu verschiedener Akzeptanz führen. Besonders bei exklusiven und komplexen Produkten, die durch Einkaufsprofis beschafft werden, kann die Chance auf einen Geschäftsabschluss durch die Anwendung der falschen Techniken sogar reduziert werden. In diesem Fall sollte man sich als Verkäufer noch stärker auf eine strukturierte und nachvollziehbare Argumentationskette stützen, die den Kauf als letzte logische Konsequenz herbeiführt. Die Akzeptanz der Einkäufer für die Abschlusstechniken kann folgendermaßen dargestellt werden (vgl. Behle / vom Hofe (2006), S. 221ff):

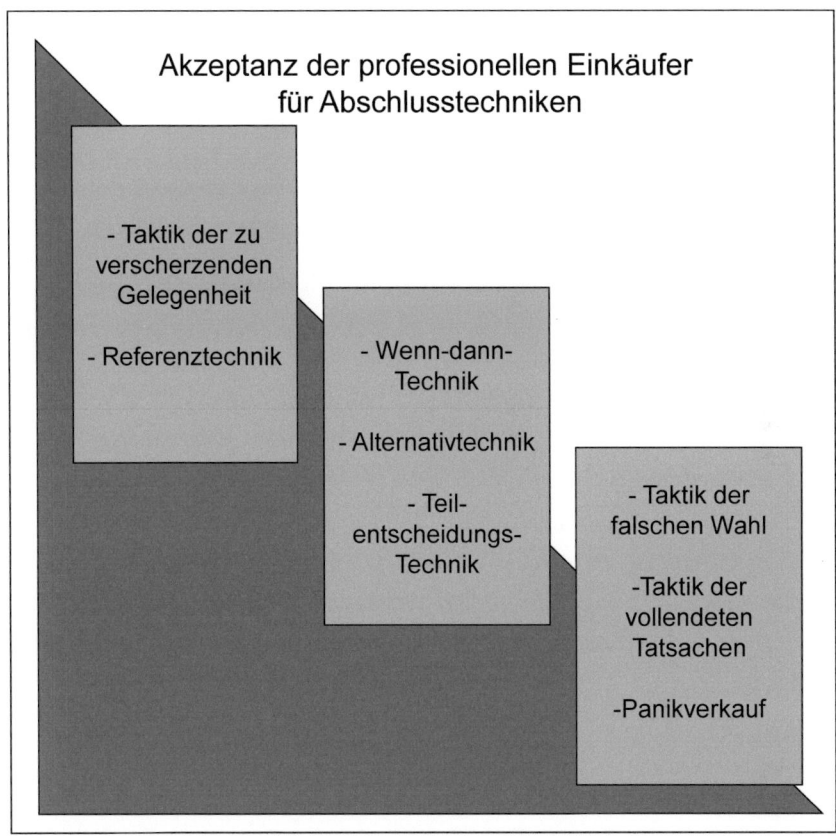

Abbildung 15: Die Akzeptanz der professionellen Einkäufer für Abschlusstechniken

Als professioneller Verkäufer sollten Sie all diese Abschlusstechniken kennen und jeweils die zur Situation passende bestimmen können. Beachten Sie unbedingt, dass bei der Wahl der passenden Technik die Akzeptanz des Kunden eingeschätzt werden muss. Folgende Techniken können von Ihnen ohne Bedenken bei jeder Verhandlung eingesetzt werden, da sie von Einkäufern als Unterstützung und Entscheidungshilfe empfunden werden (vgl. Behle / vom Hofe (2006), S. 221ff):

Bei der **Taktik der zu verscherzenden Gelegenheit** führen Sie dem Kunden vor Augen, dass das für Ihn dargestellte Leistungspaket eine einmalige Gelegenheit darstellt und Nachteile für ihn entstehen werden, wenn er das Geschäft nicht binnen kürzester Zeit abschließt. Eine derart hohe Akzeptanz erhielt diese Methode nur mit der Prämisse dass alle Arguments, die von Ihnen hervorgebracht werden, auch keine Übertreibungen oder gar Lügen darstellen.

Beispiele für die Taktik der zu verscherzenden Gelegenheit:

Verkäufer: „Auf Grund der Rohstoffpreisentwicklung rechnen wir damit, dass dieses Angebot bereits nächste Woche eine deutliche Preisanpassung erfahren wird."

Verkäufer: „Dieses Angebot ist nur in limitierter Auflage erhältlich und auf Grund der verstärkten Nachfrage rechne ich damit, dass bereits morgen das letzte Exemplar verkauft werden wird."

Verkäufer: „Wie soeben durch meine Rechnung dargestellt, verlieren Sie jeden Tag 250 €, wenn Sie dieses Produkt nicht in Ihrem Geschäft einsetzen!"

Durch die Darstellung erfolgreicher Anwendungen Ihres Produktes in Firmen aus der gleichen Branche mit vergleichbaren Problemstellungen ermöglicht Ihnen die **Referenztechnik** die Überzeugung des Kunden durch Vertrauen und Begeisterung früherer Kunden.

Beispiele für die Referenztechnik:

Verkäufer: „Unsere Produkte werden heute bereits von 40% der DAX-Unternehmen erfolgreich genutzt."

Verkäufer: „Mit dieser auf Sie zugeschnittenen Lösung werden Sie sicher ähnlich große Einsparungen erreichen können, wie dies auch bei der Firma X der Fall war. Dort konnten wir mit einer ähnlichen Anlage den Energieverbrauch um 23% senken. Sie können sich diese Aussage gerne vom Betriebsleiter X bestätigen lassen."

Bei den soeben genannten und stark akzeptierten Techniken steht ein Argument im Vordergrund, das dem Kunden seine Entscheidung erleichtern soll. Natürlich muss dieses Argument aber voll und ganz der Wahrheit entsprechen, da Sie sonst sehr schnell Ihre Glaubwürdigkeit bei Einkäufern einbüßen würden. Diese Techniken können also auch nur angewandt werden, falls die Zeit eine wesentliche Rolle spielt oder Sie sich in der glücklichen Lage befinden, dass Sie Referenzen vorweisen können.

Falls Ihnen diese Möglichkeiten allerdings nicht zur Verfügung stehen, können Sie zur Unterstützung immer noch auf etwas weniger akzeptierte Techniken zurückgreifen (vgl. Scherer (2006), S. 108f):

Die **Wenn-dann-Technik** hilft Ihnen, gewisse Zugeständnisse dem Kunden gegenüber direkt als Überleitung zu einem Vertragsabschluss zu verwenden. Somit machen Sie deutlich, dass Sie eine Ausnahme machen, die für Sie einmalig ist und diese nur zugestehen können, falls daraufhin der Vertrag sicher zustande kommt.

Beispiel für die Wenn-dann-Technik:

Verkäufer: „Falls ich Ihnen nun einen Nachlass von 3% einräume und die Versandkosten auch noch übernehme, können Sie den Vertrag dann sofort unterzeichnen?"

Bei der unter vielen Verkäufern sehr beliebten **Alternativtechnik** werden dem Kunden zwei verschiedene Möglichkeiten der Ausgestaltung angeboten, die aber beide mit der Prämisse versehen sind, dass der Kunde kaufen will. So erhält der Kunde den Eindruck der Selbstbestimmung, obwohl er eigentlich geschickt von Ihnen geführt wird. Bei einem Kunden, der bis jetzt keinerlei Begeisterung für Ihr Angebot gezeigt hat, ist dies allerdings nicht zu empfehlen.

Beispiele für die Alternativtechnik:

Verkäufer: „Bevorzugen Sie die Ausführung mit Automatikschaltung oder ohne Automatikschaltung?"

Verkäufer: „Sagt Ihnen das rote oder das blaue Modell mehr zu?"

Die **Teilentscheidungs-Technik** ähnelt in ihrer Ausführung sehr der Alternativtechnik, unterscheidet sich allerdings durch die Art der Fragen. So werden hier geschlossene Fragen zu eher nebensächlichen Kaufbestandteilen gestellt, bei denen Sie versuchen ein wiederholtes „Ja" des Kunden zu erwirken, wodurch eine positive Stimmung für die endgültige Frage aufgebaut wird.

Aus Gründen der vollständigen Übersicht werden nun auch die Techniken mit geringer Akzeptanzstufe bei Einkäufern aufgeführt. Diese sollten von Ihnen allerdings nur unter Bedacht eingesetzt werden, da sie die Gefahr von kognitiven Dissonanzen (siehe Kap. B 10.1) deutlich erhöhen, was in schwindender Kundenzufriedenheit und fehlender Kundenbindung resultieren wird. Deutlich ausgedrückt bedeutet dies, dass sich folgende Techniken nur für den Abschluss von einmaligen Geschäften eignen und gerade für den Aufbau von längerfristigen Kundenbeziehungen als vollkommen ungeeignet angesehen werden dürfen (vgl. Bänsch (2006), S. 51):

Bei der **Taktik der falschen Wahl** agieren Sie genau entgegengesetzt zur Teilentscheidungstechnik. Sie provozieren durch eine geschlossene Frage, die der Kunde nach Ihren bisherigen Erkenntnissen auf jeden Fall mit „Nein" beantworten wird, mit Zustimmung zu seiner Entscheidung und nutzen den erlangten Konsens als weiteren Fortschritt in Richtung Vertragsabschluss. Indem Sie teurere Möglichkeiten als die favorisierte Ausführung des Kunden vorschlagen, sichern Sie sich auch dagegen ab, dass der Kunde Sie mit einem „Ja" überraschen sollte.

Die **Taktik der vollendeten Tatsachen** stellt eine der extremsten Abschlusstechniken dar und gleicht in vielen Punkten bereits dem Hochdruckverkauf. Hier wird von Ihnen so gehandelt, als hätte der Kunde bereits einem Verkauf zugestimmt und Sie beginnen z.B. mit dem Ausfüllen eines Formulars. Auch auf der sprachlichen Ebene signalisieren Sie deutlich, dass Sie von einem vorhandenen Abschluss ausgehen. Je länger diese Tätigkeiten stattfinden, ohne dass der Kunde Widerspruch leistet, desto schwieriger wird es psychologisch für ihn, diesen überhaupt hervorzubringen.

Beispiel für Taktik der vollendeten Tatsachen:

Verkäufer: „Wenn Sie damit einverstanden sind, dann könnten wir gleich Ihr Gelände begehen, um den besten Ort für die Aufstellung Ihrer Maschine zu bestimmen."

Falls Sie Produkte verkaufen, die die Sicherheit von Personen garantieren sollen, wie z.B. Feuermelder oder Versicherungen, können Sie in extremen Fällen auf den **Panikverkauf** zurückgreifen. Bei dieser Strategie setzten Sie auf das Sicherheitsbedürfnis, das jeder Mensch empfindet (siehe Kapitel B 5.1), und versuchen die Person besonders durch Darstellung der möglichen fatalen Konsequenzen eines Kaufverzichts zum Abschluss zu bewegen.

Beispiel für Panikverkäufe:

Verkäufer: „Allein im letzten Jahr sind durch Brände im näheren Umkreis Sachschäden von mehreren Millionen Euro entstanden, die vier Unternehmen in die Insolvenz zwangen. Versicherungen zahlen eben nicht, wenn selbstverständliche Sicherheitsvorkehrungen nicht getroffen werden."

9.4 Die QUALITY-Methode

Diese spezielle Abschlusstechnik lässt sich von Ihnen besonders gut anwenden, falls Sie der Verkäufer eines Premium-Produktes sind, d.h. falls Sie, verglichen mit den anderen Produkten in Ihrer Sparte, ein vergleichsweise sehr teures und hochwertiges Erzeugnis vertreiben. Auch das Argumentieren gegen eine Einkaufsabteilung oder den Vorstand eines Unternehmens wird durch diese Taktik besonders begünstigt. Die QUALITY-Methode steht für:

- **Q**ualifizieren und quantifizieren
- **U**ntermauern und verstehen
- **A**lles?
- **L**ege den Kunden fest!
- **I**solieren und antworten
- **T**esten
- **Y**es ("Ja") ist der einzig mögliche Abschluss

Gehen wir von der Ausgangssituation aus, dass Sie dem Entscheidungsgremium Ihr Produkt präsentiert und die Einwände weitestgehend behandelt haben. Obwohl Sie das Gefühl hatten, dass die meisten Zuhörer von Ihren Ausführungen überzeugt wurden, vernehmen Sie am Ende der Verhandlung die Bitte, dass man erst noch weiter vergleichen müsse und sich vielleicht bei Ihnen melden werde. Eine Äußerung dieser Art stellt den besten Start in die QUALITY-Methode dar.

1. Schritt: Qualifizieren und quantifizieren

Sie stimmen der Tatsache zu, dass noch nicht alle Punkte bearbeitet wurden und schlagen eine neue Seite auf einem Flipchart auf. Auf dieser notieren Sie die Zahlen 1 bis 10 und sprechen beim notieren die Zahlen laut aus. In den Köpfen der Verhandlungsteilnehmer wird deutlich, dass Sie alle unklaren Punkte klarlegen wollen.

2. Schritt: Untermauern und verstehen

Sie lassen sich alle Punkte von den Beteiligten sagen und notieren diese in Stichworten neben die Punkte des Flipcharts. So formulieren Sie folgende Aussage in das Stichwort "Preis" um: "Das ist extrem viel Geld. Können wir eine solche Ausgabe rechtfertigen?". Wichtig ist, dass Sie alle Punkte verstehen und sich jetzt bereits eine Strategie zur Beantwortung bereitlegen. Sollten Sie einen Punkt nicht verstehen, dann fragen Sie unbedingt nach.

3. Schritt: Alles?

Meist werden nicht mehr als vier Punkte von den Beteiligten genannt. Durch die geringe Ausnutzung der zehn möglichen Punkte haben Sie bereits jetzt einen psychologischen Vorteil errungen. Sollten keine Anmerkungen mehr erfolgen, dann fragen Sie gezielt nach, ob alle den Abschluss behindernden Punkte von Ihnen erfasst wurden. Sollten Sie daraufhin Zustimmung von allen erhalten, ziehen Sie unmittelbar unter dem letzten genannten Punkt eine Linie. So wird deutlich, wie viele diskussionswürdige Punkte es noch gibt.

4. Schritt: Lege den Kunden fest!

Fragen Sie nun unmissverständlich nach, ob bei einer Klärung aller aufgeführten Punkte, eine Erteilung des Auftrages folgen wird. Die Wahrscheinlichkeit, dass die Versammlung zustimmen wird, ist höher als 80%.

5. Schritt: Isolieren und antworten

Gehen Sie systematisch vor und klären die Punkte auf der Liste einen nach dem anderen. Sobald ein Punkt im Einvernehmen mit den Verhandlungspartnern geklärt werden konnte, streichen Sie ihn deutlich sichtbar durch. Das Zurückstellen eines besonders problematischen Punktes ist sicher mit der Zustimmung der Kunden auch möglich. Dies kann Ihnen sogar zum taktischen Vorteil gedeihen, da Sie so die Verbindlichkeit erhöhen können: „Wenn ich also diesen letzten Punkt zu Ihrer Zufriedenheit klären kann, dann steht unserer Zusammenarbeit nichts mehr im Wege!"

6. Schritt: Testen

Nachdem Sie alle Punkte durchgestrichen haben, stellen Sie die Bestätigungsfrage: „Habe ich alle Punkte zu Ihrer vollsten Zufriedenheit beantworten können?" Ein „Nein" ist nun eigentlich für die Versammelten nicht mehr möglich.

7. Schritt: „Ja" ist der einzig mögliche Abschluss

Die Frage, ob der Auftrag nun erteilt wird, wäre taktisch ein deutlicher Rückschritt. Sie sollten eher souverän agieren: „Hervorragend. Ich freue mich sehr, Sie als Kunden unserer Firma zu begrüßen. Sie werden Ihre Entscheidung nicht bereuen."

9.5 Im Falle einer Ablehnung

Falls Sie am Ende einer Verhandlung vom Kunden ein wohlüberlegtes „Nein" vernehmen müssen, dann bemühen Sie sich trotz dieser Tatsache um Haltung: Bleiben Sie auf jeden Fall höflich und sachlich. Folgende Abfangformulierungen können Ihnen dabei helfen, das Gespräch noch einmal in Richtung Abschluss zu steuern (vgl. Behle / vom Hofe (2006), S. 230):

Beispiele für Abfangformulierungen

<u>*Verkäufer:*</u> *„Warum..."*

Verkäufer: „Mein Angebot entspricht also noch nicht Ihren Vorstellungen. Welche Punkte sehen Sie als noch verbesserungsbedürftig an?"

Verkäufer: „Bitte sagen Sie mir ganz frei heraus, warum Sie dieses Angebot nicht überzeugt."

Verkäufer: „Was muss ich konkret tun, damit Einklang zwischen Ihren Vorstellungen und meinem Angebot entsteht?"

Wenn Ihnen auch diese Formulierungen zur Wiederaufnahme der Verhandlungen nicht weiterhelfen, dann sollten Sie versuchen, eine Fortsetzung des Kontaktes zu vereinbaren, damit Sie die am Kunden geleistete Arbeit und den erlangten Bekanntheitsgrad nicht sofort wieder verlieren. Hierzu gibt es verschiedene Möglichkeiten (vgl. Behle / vom Hofe (2006), S. 230):

- **Festlegen eines neuen Besuchstermins:**
  Falls der Kunde das Gespräch unter dem Aspekt abbrechen möchte, dass er diese Entscheidung nicht alleine treffen kann oder falls Sie noch weitere Informationen einholen oder Berechnungen anstellen müssen, dann legen Sie mit dem Kunden sofort einen bindenden neuen Termin fest.

- **Ankündigen eines Telefonanrufes:**
  Holen Sie sich vom Kunden die Erlaubnis ein, ihn nachdem weitere Punkte geklärt sind, zu einer bestimmten Zeit anzurufen. Durch die Zustimmung verpflichtet sich der Kunde, sich Zeit für Sie zu nehmen und Ihnen zuzuhören.

- **Anbieten von Serviceleistungen:**
  Durch das Anbieten von Serviceleistungen, wie z.B. dem Errechnen von Kosteneinsparung durch bestimmte Module, schaffen Sie es, eine Verbindung zum Kunden aufrecht zu erhalten.

- **Zusichern von informatorischer Betreuung:**
  Fragen Sie den Kunden gezielt, ob Interesse an weiterem Informationsmaterial besteht und machen Sie deutlich, dass dieses Material speziell für Ihn zusammengestellt wird und nicht aus allgemeinen Informationen besteht.

9.6 Checkliste für einen präzisen Geschäftsabschluss

Sie haben…	Antworten	
	Ja	Nein
1. immer zuversichtlich auf einen Abschluss hingearbeitet?	☐	☐
2. stets auf sprachliche und körperliche Abschlusssignale des Kunden geachtet?	☐	☐
3. den richtigen Moment für den Abschluss genutzt?	☐	☐
4. die Bereitschaft des Kunden durch Probeabschlüsse getestet?	☐	☐
5. die Zustimmung des Kunden erhalten, dass er mit der Problemlösung zufrieden ist?	☐	☐
6. die Abschlusstechnik auf den Kunden und den Verlauf der Verhandlung abgestimmt?	☐	☐
7. bereits einmal erfolgreich die QUALITY-Methode angewandt?	☐	☐
8. ein „Nein" des Kunden als Zeichen akzeptiert, dass weitere Überzeugungsarbeit geleistet werden muss?	☐	☐
9. auch bei einer Ablehnung den Kontakt zum Kunden weiter positiv erhalten?	☐	☐
10. die Vereinbarungen schriftlich fixiert?	☐	☐

Tabelle 27: Checkliste für einen präzisen Geschäftsabschluss

10. Ausklang

Man muss es immer dahin bringen, dass man zurückgewünscht wird.

Baltasar Gracián y Morales (1601-58), spanischer Philosoph und Schriftsteller

Sie sind mit dem Kunden zu einer Einigung gekommen. Da nun alles Geschäftliche geklärt ist, könnte man schnellstmöglich den Weg zum nächsten Kunden suchen. Oder fehlt noch etwas? Unbedingt! Geben Sie dem Kunden nicht das Gefühl, dass Sie nur auf seine Zustimmung gewartet haben, um wieder weiterzukommen. Zeigen Sie ihm, dass Sie ihn als Partner schätzen und klären Sie letzte Fragen mit Ihm. Die wenigen Minuten, die Sie dazu investieren müssen, werden sich für Sie auch schnell wieder auszahlen. Wenn der Kunde Ihnen vertraut – und Vertrauen kann man sich nur erarbeiten – dann werden Sie vielleicht nach einem erfolgreichen Geschäftsabschluss noch einfacher über weitere Zusatzgeschäfte sprechen können. Immer mit dem Ziel des beidseitigen Mehrgewinns sollten Sie also für einen angenehmen Ausklang der Verkaufsverhandlung sorgen.

Und zuletzt bleibt nur noch, die möglichen Lehren aus dem soeben geführten Gespräch zu ziehen. Aus jedem Gespräch können Sie wertvolle Informationen gewinnen, die Sie dann für weitere Gespräche nützen können. Ein Gewinn an Erfahrung wird sich stärker auf ihren Erfolg auswirken, wenn Sie aktiv und nicht nur passiv aus dem Geschehenen lernen.

10.1 Kognitive Dissonanzen

Nach dem Kaufabschluss wird der Kunde weiter über die getroffene Entscheidung nachdenken. Er wird über sie nachdenken, während er sich noch in ihrer Gegenwart befindet und Sie den Verkauf ausklingen lassen und er wird über die Entscheidung nachdenken, wenn er das Produkt benutzt oder wenn er mit anderen Auswirkungen des Kaufs (z.B. der Bezahlung) konfrontiert wird. Während dieser Zeit wird er seine Entscheidung immer wieder vor sich selbst und vor anderen Menschen, seien es nun Vorgesetzte, Kollegen oder Freunde, rechtfertigen müssen. Die Dissonanztheorie gibt Ihnen wesentliche Hinweise, wie sie diese Phase für den Kunden so angenehm wie möglich gestalten können und somit eine positive Einstellung zu Ihnen und Ihrem Produkt erzeugen können, was zukünftige Geschäfte wesentlich begünstigt.

10.1.1 Dissonanztheorie

Es ist für jeden Menschen einfacher sich in Dimensionen wie „richtig" und „falsch" zu bewegen, da sich eine Entscheidung hier leichter rechtfertigen lässt und somit Fehlentscheidungen unwahrscheinlicher werden. In der Tat leben wir aber in einer Welt, in der fast alle Dinge so komplex sind, dass Sie bei genauerer Betrachtung als Abstufungen von „grau" und nicht als „schwarz" oder „weiß" einzuordnen sind. Mit Hilfe von psychologischen Experimenten ließ sich nachweisen, dass Menschen danach streben, diese Unstimmigkeiten aufzuheben. Nach der Dissonanztheorie erzeugen miteinander unvereinbare Kognitionen – Gedanken, Meinungen, Einstellungen, Wünsche oder Absichten – einen inneren Konflikt (Dissonanz), den der Mensch systematisch zu vermeiden versucht. Maßgeblich nach Entscheidungen, aber auch während der Entstehung von Entscheidungen, bilden sich diese kognitiven Dissonanzen. Je stärker diese subjektiv auf das Individuum wirken, desto stärker ist auch der Wunsch sie zu beseitigen. Verdeutlicht an dem Beispiel eines PKW-Kaufs würde dies bedeuten, dass der Kunde, falls er z.B. die negative Kognition „Die Qualität ist minderwertig!" von einem Bekannten mitgeteilt bekommt, nachdem er während des Kaufs durch den Verkäufer mit positiven Kognitionen über die Qualität versorgt wurde, versuchen wird, diesen Widerspruch auszuräumen. Hierfür hat er prinzipiell zwei Möglichkeiten: Entweder er versucht den Bekannten von der guten Qualität zu überzeugen und   redet sich ein, dass dieser keine Ahnung habe, oder er glaubt ihm und geht davon aus, dass er vom Verkäufer belogen wurde (vgl. Zimbardo / Gerrig (2004), S. 780).

10.1.2 Schlussfolgerungen für den gesamten Verkaufsprozess

Damit der Kunde nicht im Nachhinein seine Entscheidung bereut und dieses Empfinden vielleicht auf Sie überträgt, sollten Sie bereits während des Verkaufs folgende Möglichkeiten ausnützen, um Konsonanz (Übereinstimmung aller Kognitionen) beim Kunden zu erzeugen (vgl. Bänsch (2006), S. 26):

(1)   Änderungen im Umfang der Kognitionen

    (1a)   Hinzufügen neuer konstanter Elemente

    (1b)   Ausschalten dissonanter Elemente

(2)   Änderung des Inhalts der Kognitionen

    (2a)   Veränderung der Gewichtung der Elemente

    (2b)   Veränderung des eigenen Verhaltens oder der Umweltsituation

Folgende Tabelle zeigt, wie diese Möglichkeiten am konkreten Beispiel eines Kunden umgesetzt werden können, der bei einem PKW-Kauf den dissonanten Kognitionen „Ich möchte ein Auto der Marke X kaufen" und „Die Marke X ist in einem Test als ‚sehr kaltstart-schwierig' bezeichnet worden" unterliegt (vgl. Bänsch (2006), S. 26):

Abbau von kognitiven Dissonanzen		
Möglichkeit	**Strategie**	**Formulierungsbeispiel**
1a	Aufführung positiver Testergebnisse der Marke X bei anderen Merkmalen.	„Dieser Wagen wurde zum sichersten Kleinwagen seiner Klasse gekürt."
1b	Anzweifeln der Testergebnisse.	„Das Ergebnis deckt sich nicht mit diesem weiteren Test."
2a	Bagatellisierung der Testergebnisse.	„Die Testtemperaturen treten in Deutschland niemals auf."
2b	Zureden zum Kauf einer Marke Y (andere Marke).	„Der Y hat hervorragende Kaltstartwerte."

Tabelle 28: Abbau von Kognitiven Dissonanzen

Besondere Akzente sollten von Ihnen auch auf die Vermeidung von kognitiven Dissonanzen in der Nachkaufphase gelegt werden, da Ihr Einfluss auf den Kunden hier schwindet und somit Kognitionen vermehrt auftreten. Um einen zufriedenen Kunden und somit einen möglichen Wiederkäufer und besser noch, einen positiven Fürsprecher in der Mund-zu-Mund-Kommunikation zu erhalten, können diese durch Sicherstellung von vier Faktoren vermieden werden:

1. Die Dissonanzen sollten zum Zeitpunkt des Kaufes von Ihnen möglichst vollständig durch (oben aufgeführte) geschickte Argumentation abgebaut sein, da sich noch erhaltene Dissonanzen weiter fortsetzen werden.

2. Haben Sie Ihren Kunden in den Prozess der Entscheidungsfindung stark eingebunden und, wie in den Hinweisen zur Lerntheorie beschrieben, ihm eine schrittweise Hinführung zur Kaufentscheidung überlassen, so wird der Kunde nachhaltiger zu seiner Entscheidung stehen, da die Dissonanzanfälligkeit mit der Beteiligung an der Entscheidung sinkt.

3. Sie sollten niemals Versprechungen über Funktionen oder Qualitäten des Produktes geben, denen dieses nicht gerecht werden kann. Der Kunde wird diese Inkonsistenzen nach dem Kauf feststellen und dadurch verstärkte kognitive Dissonanzen erfahren.

4. Durch eine nachhaltige Nachkaufbetreuung und durch kaufbestätigende Aktionen wie die Einräumung nachträglicher Services wird das spätere Entstehen von kognitiven Dissonanzen verhindert.

Stehen Sie also, auch nachdem die Vereinbarung klar getroffen wurde, dem Kunden noch weiter als Problemlöser und Helfer zur Verfügung, erklären Sie ihm interessante Details und fragen Sie ihn, ob er noch etwas wissen möchte. Besonders für Einkäufer oder andere Angestellte in Unternehmen ist wichtig, dass sie positive Argumente für die verschiedensten Perspektiven von Ihnen erhalten, da diese Ihre Entscheidung oft später noch rechtfertigen müssen.

10.2 Zusatzverkäufe

Nachdem die Zweifel des Kunden ausgeräumt sind, haben Sie das eigentliche Verkaufsgespräch schon fast erfolgreich abgeschlossen. Machen Sie aber nicht den Fehler, dies durch eine der folgenden Killerphrasen zum Ausdruck zu bringen (vgl. Bänsch (2006), S. 92):

Beispiele für zu vermeidende Killerphrasen

<u>Verkäufer</u>: *„Na, dann hätten wir ja alles!"*

„Das wär's dann wohl!"

„Heute brauchen Sie ja dann wohl nichts mehr?"

Sätze wie diese werden Ihnen jede Chance auf ein zusätzliches Geschäft an diesem Tag zu Nichte machen. Erörtern Sie, welche Erweiterungen oder Zusätze der Kunde für das gekaufte Objekt noch gebrauchen könnte. Falls Sie diese Empfehlungen für den Kunden durch die in der Verhandlung erhaltenen Informationen abrunden, wird Ihnen der Kunde für die wertvollen Ratschläge sicher dankbar sein und sie nicht als ein bloßes Verlangen nach zusätzlichem Umsatz betrachten. Fungieren Sie auch hier wieder als Problemlöser und Experte Ihres Gebietes und versuchen Sie durch Zusatzverkäufe die Bedürfnisse des Kunden besser zu befriedigen und somit seinen Nutzen zu erhöhen.

Beispiel für Anregungen zu Zusatzverkäufen

<u>Verkäufer</u>: *„Um das Gerät auch nachts betätigen zu können, wie Sie dies beabsichtigen, wäre natürlich eine Standbeleuchtung ratsam."*

<u>Verkäufer</u>: *„Eine funktionsgerechte / sehr nützliche / sehr praktische / sehr hübsche Ergänzung zu Ihrer Neuerwerbung wäre..."*

Falls der Kunde allerdings bereits seine Abneigung gegen weitere Geschäfte zum Ausdruck gebracht hat, oder seine finanziellen Mittel durch das getätigte Geschäft bereits ausgereizt sind, sollten Sie weitere Vorstöße natürlich unbedingt unterlassen. In diesem Fall müssen Sie die dauerhafte Kundenzufriedenheit über das einmalige Geschäft stellen.

10.3 Verabschiedung

Auch für die endgültige Verabschiedung gilt: der erste und der letzte Eindruck werden dem Kunden am besten im Gedächtnis bleiben. Also versuchen Sie auch hier, genau wie bei der Begrüßung, einen besonders positiven Eindruck zu erzeugen. Danken Sie Ihrem Verhandlungspartner für die Zeit, die er sich für Sie genommen hat und für das Vertrauen, das er Ihnen entgegengebracht hat. Reichen Sie ihm die Hand, sehen Sie ihm in die Augen und verabschieden Sie sich mit einem freundlichen Lächeln bei ihm, wobei Sie ihn mit seinem Namen und Titeln ansprechen. Vergessen Sie nicht, sich auch bei der Assistentin oder Sekretärin im Vorzimmer zu bedanken und zu verabschieden. Da diese oft aktiv den Terminkalender der Entscheider erstellen und entscheiden, ob und wann jemand einen Termin erhält sollten Sie auch eine gute Beziehung zu diesen Personen aufbauen (vgl. Scherer (2006), S. 117f).

10.4 Nachbereitung

Generell ist es für Sie ratsam, Verhandlungsgespräche sehr zeitnah, am besten direkt nach der Verabschiedung, nachzuarbeiten. Ihre Erinnerungen sind hier noch am frischesten und der Zugewinn an Erkenntnissen wird somit sehr viel größer sein, als wenn Sie einige Tage verstreichen lassen. In den folgenden Bereichen können Sie Lehren aus dem Gespräch ziehen (vgl. Schnappauf (1997), S. 490ff):

Zielkontrolle: Was habe ich erreicht? Was nicht?

- Wurden Teilziele der Verhandlung erreicht?
- Konnte das Geschäft zum Abschluss gebracht werden?

Kunde: Welche Informationen konnte ich über den Kunden sammeln?

- Welche Ansichten, Wünsche, Bedürfnisse, Kaufmotive zeigte der Kunde?
- Welche Informationen über das Kundenunternehmen konnte ich in Erfahrung bringen? (Probleme, Projekte, Entscheider, Kooperationen)
- Wie war sein persönliches Verhalten mir gegenüber?
- Welche körperlichen Signale gingen mit Zustimmung oder Ablehnung einher?
- Über welche Dinge sprach der Kunde gerne mit mir? (Smalltalk)
- Hielt er sich an getroffene Absprachen?

- Wie kompetent zeigte sich der Verhandlungspartner?
- Wie konflikttolerant stellte sich der Verhandlungspartner dar?
- War der Verhandlungspartner die richtige Person aus dem Zielunternehmen für die Verhandlung?

Verkäufer: Welches Verhalten habe ich selbst gezeigt?

- Wie oft habe ich meinen Geschäftspartner unterbrochen?
- Wie sehr habe ich mich für seine Äußerungen interessiert?
- Habe ich ihm aktiv zugehört?
- Habe ich eine ausreichende Anzahl an Fragen gestellt?
- Waren meine Sachkenntnisse ausreichend?
- Habe ich es geschafft eine persönliche Verbindung aufzubauen?
- Konnte ich die bestehenden Zweifel des Kunden ausräumen?

Verbesserungspotenzial: Was lernen Sie aus dem Beobachteten?

- Welche Informationen müssen Sie in Zukunft zusätzlich recherchieren?
- Welche Strategie sollten Sie anpassen?
- Welche Unterstützung sollten Sie sich besorgen? (Personen, Dinge)
- Welche Argumente sollten Sie verbessern oder austauschen?
- Welche Alternativen sollten Sie in Zukunft vorbereiten?

Aktivitäten: Was muss nun direkt im Anschluss getan werden?

- Welchen Schriftverkehr erwartet der Kunde?
- Welche Informationen sollten in einem System festgehalten werden?
- Welche Kollegen müssen informiert werden?
- Welche Aufgaben müssen verteilt werden?

Bei der Nachbereitung der Verhandlung im Bezug auf Ihre Zielerfüllung, können Ihnen die Checklisten, die in diesem Buch am Ende eines jeden Kapitels stehen, einen wertvollen Beitrag leisten. Wenn Sie diese nach jedem wichtigen Besuch ausfüllen, können Sie Ihre positive Entwicklung aktiv beobachten.

10.5 Checkliste für einen nachhaltigen Ausklang

Sie haben…	Antworten	
	Ja	Nein
1. alle Zweifel des Kunden ausgeräumt?	☐	☐
2. auch nach dem Verkauf weiter an der Überzeugung des Kunden gearbeitet?	☐	☐
3. dem Kunden für seinen Kauf gedankt?	☐	☐
4. Zusatzverkäufe in Betracht gezogen?	☐	☐
5. den Kunden zu weiterer Zusammenarbeit motiviert?	☐	☐
6. den Kunden um Weiterempfehlung gebeten, falls das Gespräch sehr positiv verlaufen ist?	☐	☐
7. einen guten letzten Eindruck durch eine gute Verabschiedung hinterlassen?	☐	☐
8. eine zeitnahe Nachbereitung des Gesprächs durchgeführt?	☐	☐
9. die Checklisten in diesem Buch genutzt?	☐	☐
10. Lehren aus den Ergebnissen der Nachbereitung gezogen?	☐	☐

Tabelle 29: Checkliste für einen nachhaltigen Ausklang

11. Nachkaufbetreuung

Verbraucher sind für die Wirtschaft das, was der Wähler für die Politik ist.

Jim Turner, amerikanischer Wirtschafts-Journalist

Diese Metapher beschreibt genau, welche Einstellung Sie dem Kunden gegenüber an den Tag legen sollten. Ein wesentlicher Unterschied zur Politik liegt in der Wirtschaft allerdings darin begründet, dass die Wahlen durch den Kunden, je nach Produkt, in sehr viel kürzeren Abständen stattfinden. Als professioneller Verkäufer müssen Sie davon ausgehen, dass Sie sich im stetigen Kampf um die Gunst des Kunden befinden. Doch wenn Sie Ihre Wähler zufriedenstellen und Ihre Wahlversprechen halten, dann werden Ihnen daraus Stammwähler entstehen.

Das wichtigste Wort der Nachkaufbetreuung ist also die „Kundenzufriedenheit", da diese den Grundstein für eine lange Geschäftsbeziehung zum Kunden darstellt. Die Vielzahl der Unternehmungen strebt langfristige Kundenbeziehungen an, da Untersuchungen klar herausstellen, dass es um ein Vielfaches günstiger ist, einen zufriedenen Kunden zu halten, als mit aufwändigen Marketingkampagnen und großzügigen Rabatten um neue Kunden zu werben. Natürlich entstehen Zufriedenheit, Loyalität und Vertrauen auch nicht von einem Tag auf den anderen. Laotse, der Begründer des Taoismus sagte bereits: „Auch die längste Reise beginnt mit dem ersten Schritt."

11.1 After-Sales-Service

Direkt nach dem Verkaufsgespräch, wenn Sie die Nachbereitung abgeschlossen haben, sollten Sie nicht den Fehler machen, den Kunden sich selbst zu überlassen. In dieser Phase ist die Gefahr für die Entstehung von kognitiven Dissonanzen am höchsten, da der Kunde seine bereits getroffene Entscheidung überdenkt. Für Sie bedeutet dies, dass Sie ihn verstärkt betreuen sollten, um ihm zu bestätigen, dass er die richtige Wahl getroffen hat. Durch die Betreuung in dieser Phase kurz nach dem Kauf sichern Sie sich einen langfristigen Kunden, der Ihnen auch durch kleine Krisen hindurch, loyal bleiben wird. Folgenden Ratschlägen sollten Sie nachgehen, um Ihre Kunden mit professionellem Beziehungsmanagement zu überzeugen (vgl. Kunz (1996), S. 23ff):

Übertreffen Sie Ihre Versprechungen und stellen Sie somit sicher, dass durch diese unerwartete übermäßige Erfüllung der Erwartungen des Geschäftspartners wahre Kundenzufriedenheit entsteht.

Bestätigen Sie den Kunden nach dem Kauf in seiner Entscheidung durch die Übermittlung von Studien, Zertifizierungen, Referenzen und Markttests, die die Qualität des Produkts und die Kompetenz Ihrer Firma untermauern.

Beispiel für eine Bestätigung nach dem Kauf:

Verkäufer: „Wie Sie dem beiliegenden Test der Industriegütergesellschaft entnehmen können, haben Sie sich mit der erworbenen Druckpresse für ein „Produkt von überragender Qualität" entscheiden."

Drücken Sie Ihre Dankbarkeit aus, indem Sie dem Kunden in einem erneuten Telefonat oder bei einem Besuch die Worte „vielen Dank" sagen und indem Sie ihm kleine Aufmerksamkeiten wie Blumen oder einen Geschenkkorb zukommen lassen. Dies hat nichts mit Bestechung zu tun, sondern ist vielmehr eine Geste, die die Freundschaft erhält.

Setzten Sie sich für die Belange des Kunden ein. Sorgen Sie dafür, dass sein Auftrag in Ihrer Firma schnellstmöglich ausgeführt wird, seine Sonderwünsche beachtet werden und auch alle anderen Kontaktpersonen den Kunden in einer respektvollen Art und Weise behandeln.

Fragen Sie den Kunden, ob alles zu seiner vollsten Zufriedenheit abgelaufen ist und machen Sie ihm deutlich, dass er Sie jederzeit kontaktieren kann (Telefon, Fax, E-Mail, Treffen), falls es ein Problem gibt.

Sparen Sie dem Kunden Zeit, indem Sie seine Kontaktversuche sofort erwidern, seine Anliegen schnellstmöglich bearbeiten und ihm zusätzliche Informationen zusenden. Diese Behandlung zeigt dem Kunden deutlich die Wertschätzung, die Sie ihm entgegenbringen.

Pflegen Sie die persönliche Beziehung zu Ihrem Kunden. Ein Anruf, mit dem Sie sich nach seinem Befinden und nach seiner Familie erkundigen oder ein Treffen zum Mittagessen, auch falls Sie gerade keine neuen Geschäfte abschließen wollen, führt zu einer Annäherung auf der Beziehungsebene und erleichtert somit zukünftige Verhandlungen.

Erinnern Sie an gemeinsame Erfolge. Durch Gespräche über die erstmalige Aufnahme der Geschäftsbeziehung, die Lösung von gemeinsamen Problemen, den Ausbau der bestehenden Beziehung und verbindende Anekdoten festigen Sie die Beziehungen und sichern Stammkunden Ihr Interesse an der Zusammenarbeit zu.

Nutzen Sie eine Kundenzeitung, falls Ihr Unternehmen diese veröffentlicht, als Informationsquelle auch für Sie selbst und als Kommunikationsmedium mit Ihrem Kunden. Für ausgewählte Kunden können Sie mit diesem Medium spezielle Informationen oder Ankündigungen senden oder sogar durch einen begleitenden Brief oder angebrachte Markierungen auf für den Kunden besonders interessante Angebote und Informationen aufmerksam machen. Auch ein Telefonanruf mit Bezug auf die Kundenzeitschrift bietet eine gute Gelegenheit, um den kontinuierlichen Kontakt aufrecht zu erhalten.

11.2 Kundenzufriedenheit

Eine essentielle Größe für den langfristigen Erfolg Ihrer Tätigkeit bildet die Zufriedenheit der Kunden. Dabei muss davon ausgegangen werden, dass diese aus dem

Unterschied zwischen den Erwartungen der Kunden vor dem Geschäft und den Er-fahrungen der Kunden während und nach dem Geschäft resultiert. Wie der Ab-bildung 16 zu entnehmen ist, werden Kunden unzufrieden, wenn Ihre Erwartungen durch die Wahrnehmungen nicht erfüllt werden konnten. Andererseits entsteht Zu-friedenheit nur dadurch, dass Erwartungen übertroffen werden. Die Folgerung, die für Sie aus diesen Ausführungen entsteht, ist deutlich: Zufrieden wird der Kunde nur wirklich dann sein, wenn Sie seine Erwartungen übertreffen können (vgl. Behle / vom Hofe (2006), S. 429 und Hofbauer/Schöpfel (2010), S. 62ff.):

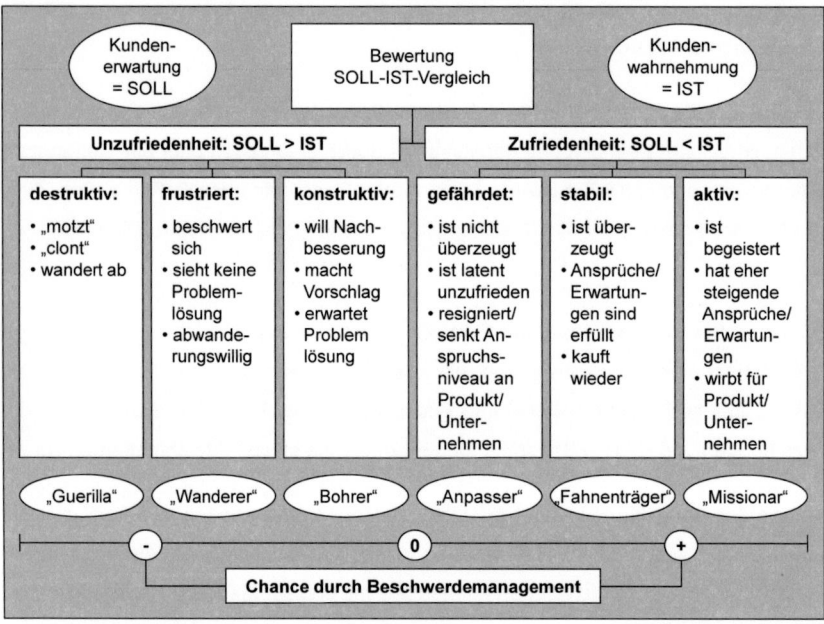

Abbildung 16: Kundenzufriedenheit und –unzufriedenheit

Um die Erwartungen des Kunden zu übertreffen, müssen Sie diesen ständig mit Vorteilen begeistern, die Ihm andere Unternehmen nicht bieten können. Wichtig ist auch, dass die Vorteile für ihn relevant und wahrnehmbar sind. Sie sollten also sowohl die Kundenerwartungen als auch die Kundenwahrnehmungen genauestens untersuchen, um die zielgerichtete Erreichung von Zufriedenheit ermöglichen zu können (vgl. Hofbauer / Schweidler (2006), S. 355).

11.2.1 Kundenerwartungen

Genauso wie Ihre Bedürfnisse (siehe Kapitel B 5.) sind die Erwartungen der Kunden für Sie nicht immer direkt zu erkennen und stellen trotzdem einen wesentlichen Bestandteil der Informationen dar, die Ihnen bei der Abwicklung von Verhandlungen helfen können. Da die Erwartungen eines jeden Kunden verschieden sind und sich zudem ständig wandeln, sind sie sehr schwer zu erfassen, bilden aber den Grundstein zur Herstellung von Kundenzufriedenheit und in der Folge Kundenloyalität. Folgende Checkliste kann Ihnen dabei helfen, alle möglichen Kundenerwartungen zu ermitteln (vgl. Behle / vom Hofe (2006), S. 429).

Kundenerwartungen
Kunden können Erwartungen an Ihr Unternehmen haben bezüglich:
- der Abhängigkeitsbereitschaft, der Ersetzbarkeit, der Exklusivität, der Bedeutung Ihres Unternehmens für ihren Erfolg;
- der technischen / fachlichen / inhaltlichen / zeitlichen Qualität der gelieferten Leistungen;
- der technischen und sonstigen materiellen Ausstattung, Hilfs- und Betriebsmitteln für die wirtschaftliche Effizienz der gelieferten Leistung;
- der von Ihrem Unternehmen verwendeten Verfahren, Abläufe und des vorhandenen Know-hows;
- des Ideen- und Erfindungsreichtums und der Flexibilität Ihres Unternehmens;
- Ihrer persönlichen fachlichen Fähigkeit und der Einsatzbereitschaft von Führungskräften und Mitarbeitern;
- der wirtschaftlichen Solidität Ihres Unternehmens, seine Berechenbarkeit sowie Langzeitstabilität und –entwicklung;
- der Preis- und Konditionengestaltung für die Leistungserbringung;
- Ihrer Termintreue, Verlässlichkeit und Zusagen – oder Zielerfüllung;
- Ihrer Aufrichtigkeit, Freundlichkeit, Zusammenarbeit, Teamfähigkeit, persönlichen Flexibilität und Anpassungsfähigkeit;

- Ihrer örtlichen und zeitlichen Erreichbarkeit, der klaren Zuständigkeit und Ihrer Kommunikationsfähigkeit;
- Der Sicherheit des Umfeldes (z.B. gesetzliche Einschränkungen oder Gefahren, politische Gegebenheiten)

Tabelle 30: Kundenerwartungen

Zur vollständigen Analyse der Erwartungen sollten Sie all diese Aspekte betrachten und Sie je nach den Informationen über den Kunden nach Bedeutung für den Kunden und dem Erfüllungsgrad durch Ihr Wirken bewerten.

11.2.2 Kundenwahrnehmung

Der Erfüllungsgrad, der sich an der subjektiven Wahrnehmung des Kunden misst, kann von Ihnen dadurch ermittelt werden, dass Sie vom Kunden einen kurzen Fragebogen ausfüllen lassen, der die wesentlichen Indikatoren für die Zufriedenheit des Kunden zusammenfasst. Fast jeder Kunde wird sich dazu bereit erklären, die Fragen zu den zehn Themengebieten zu beantworten, wenn Sie ihm vorher verdeutlichen, dass dies nicht länger als fünf Minuten dauern wird und dass er somit noch schneller mit einer Verbesserung in den für ihn relevanten Punkten der Geschäftsbeziehung rechnen kann. Wichtig ist die Ausgewogenheit und Analysierbarkeit der auszuwählenden Themengebiete, um einen möglichst großen Nutzen aus den Antworten des Kunden ziehen zu können. Zehn mögliche Kategorien wären (vgl. Winkelmann (2005), S. 134):

- die Qualität der Produkte
- die Qualität der Serviceleistungen
- der Umfang der Serviceleistungen
- die Reaktion auf technische Sonderwünsche
- die Liefertreue
- die Auftragsabwicklung
- die Freundlichkeit des Innendienstes
- die Fachkompetenz des Außendienstes
- das Engagement des Außendienstes
- die Qualität des Informationsaustausches

Bezüglicher jeder dieser Kategorien sollte der Kunde eine Einschätzung abgeben, die seine Zufriedenheit und die Relevanz auf einer Skala von 0-100 darstellt (siehe Abbildung 17). Beispielhaft werden hier einmal nur vier Kategorien aufgeführt (vgl. Winkelmann (2005), S. 134):

Kundenzufriedenheitsbefragung

1. Wie zufrieden sind Sie mit der Qualität der Produkte?

sehr unzufrieden [0] [10] [20] [30] [40] [50] [60] [70] [80] [90] [100] sehr zufrieden

Wie wichtig ist Ihnen die Qualität der Produkte?

sehr unwichtig [0] [10] [20] [30] [40] [50] [60] [70] [80] [90] [100] sehr wichtig

2. Wie zufrieden sind Sie mit der Qualität der Serviceleistungen?

sehr unzufrieden [0] [10] [20] [30] [40] [50] [60] [70] [80] [90] [100] sehr zufrieden

Wie wichtig ist Ihnen die Qualität der Serviceleistungen?

sehr unwichtig [0] [10] [20] [30] [40] [50] [60] [70] [80] [90] [100] sehr wichtig

3. Wie zufrieden sind Sie mit der Liefertreue?

sehr unzufrieden [0] [10] [20] [30] [40] [50] [60] [70] [80] [90] [100] sehr zufrieden

Wie wichtig ist Ihnen die Liefertreue?

sehr unwichtig [0] [10] [20] [30] [40] [50] [60] [70] [80] [90] [100] sehr wichtig

4. Wie zufrieden sind Sie mit der Auftragsabwicklung?

sehr unzufrieden [0] [10] [20] [30] [40] [50] [60] [70] [80] [90] [100] sehr zufrieden

Wie wichtig ist Ihnen die Auftragsabwicklung?

sehr unwichtig [0] [10] [20] [30] [40] [50] [60] [70] [80] [90] [100] sehr wichtig

Abbildung 17: Kundenzufriedenheitsbefragung

Die verschiedenen Ausprägungen lassen sich dann in einer Auswertung zusammen-fassen, die die Stärken und Schwächen Ihres Unternehmens aufzeigt (siehe Abbildung 18). So kann nicht nur herausgearbeitet werden, welche Bereiche noch verbes-serungsbedürftig sind, sondern auch, welche Veränderungen sich nach der Durch-führung von zielgerichteten Maßnahmen einstellen. So ließe sich in dem Beispiel in Abbildung 18 erkennen, dass die Kunden mit der Produktqualität zwar nicht beson-ders zufrieden sind, diese aber auch keinen besonders hohen Stellenwert in diesem Geschäft einnimmt, wogegen die Auftragsabwicklung dem Kunden bedeutender ist und auch besser ausgeführt wird. Der größte Fokus sollte dann natürlich auf Eigen-schaften gesetzt werden, die von den Kunden als besonders „wichtig" eingeschätzt werden. Im hier abgebildeten Beispiel sollte von den vier benannten Größen vorrangig die Liefertreue optimiert werden, da dem Kunden diese sehr wichtig ist und die Leistung als relativ schlecht empfunden wird (Hofbauer/Schöpfel 2010, S. 77).

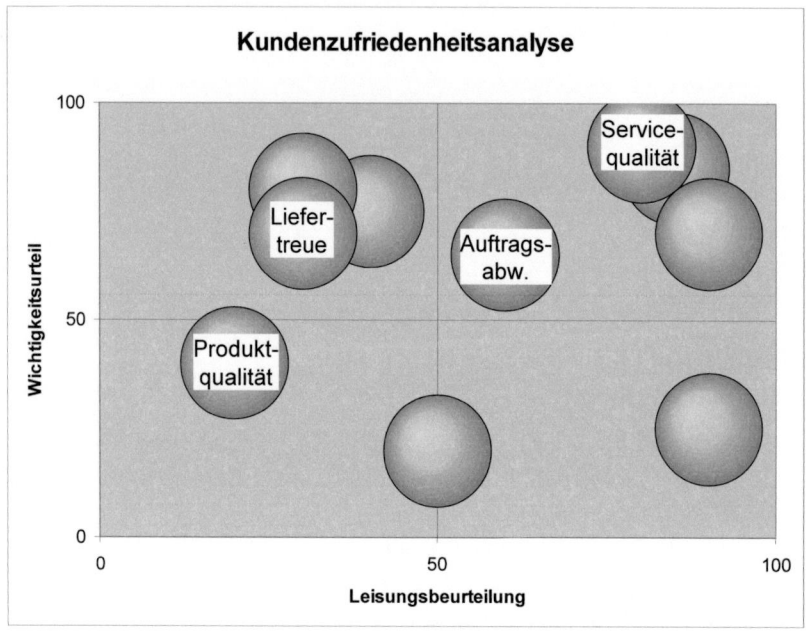

Abbildung 18: Kundenzufriedenheitsanalyse

11.3 Kundenloyalität

Durch die Zufriedenheit der Kunden sollte auf lange Sicht gesehen Kundenloyalität entstehen. Diese Loyalität äußert sich im Bestreben des Kunden, Sie als Geschäftspartner beizubehalten. Doch wie können Sie als Verkäufer auf die Entstehung der Loyalität des Kunden einwirken? Einerseits können Sie die oben dargestellten Analysen über die Zufriedenheit des Kunden erstellen und sich in verbesserungsbedürftigen Bereichen für Fortschritt einsetzten. Andererseits können Sie den Kunden aber auch mit persönlichen Besuchen und telefonischen Beratungsgesprächen erfreuen. Allerdings muss hierbei genau darauf geachtet werden, dass ein zu hohes Maß an Nähe den Kunden auch wieder abschrecken kann. Sie müssen deshalb natürlich von Kunde zu Kunde immer selbst abschätzen, wie viel Nähe er bevorzugt.

Die folgende Abbildung zeigt den durchschnittlichen Zusammenhang zwischen Kontaktnähe und Kundenzufriedenheit (vgl. Winkelmann (2005), S. 153):

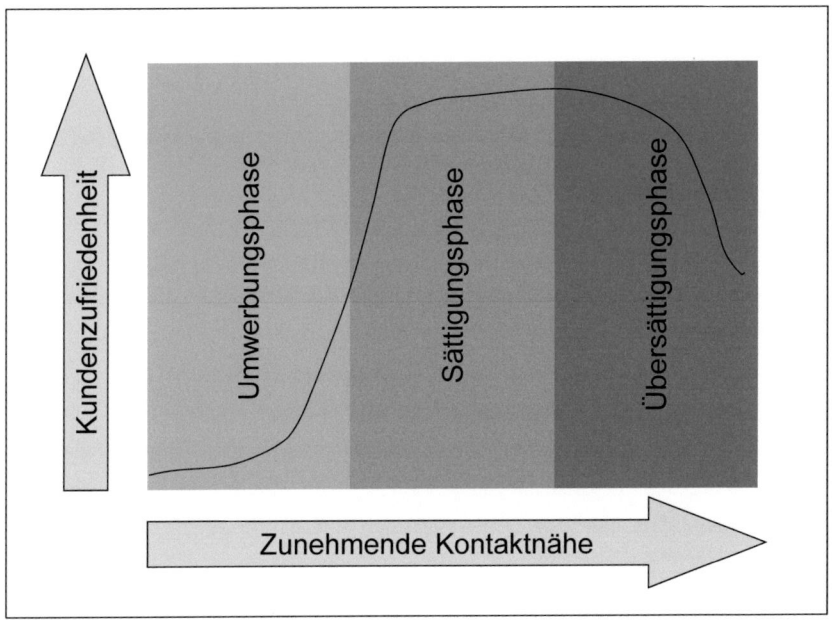

Abbildung 19: Zusammenhang zwischen Kontaktnähe und Kundenzufriedenheit

Weitere Ausführungen zu den Themen Kundenzufriedenheit und Kundenloyalität finden sich bei Hofbauer/Schöpfel (2010), S. 81ff.

11.4 Beschwerdemanagement

Nicht immer läuft der gesamte Verkaufsprozess zu jeder Zeit fehlerfrei ab. Durch die ständige Bemühung um Ihren Kunden bekommen Sie aber viele Ungereimtheiten mit, die vielleicht zu Beschwerden werden könnten. Ein proaktives Engagement verhindert so die Entstehung von Beschwerden schon an der Wurzel. Allerdings kann es auch zu Problemen in Bereichen kommen, die Sie nicht so aktiv beeinflussen können, z.B. bei der Technik Ihrer Produkte oder der Logistik des Unternehmens. Bei größeren Unternehmen kommt des Weiteren hinzu, dass die Annahme von Beschwerden über separat dafür vorgesehene Kanäle abgewickelt wird. Falls Sie die Absicherung der Kundenzufriedenheit in diesem Sektor auch nicht immer direkt

161

beeinflussen können, sollten Sie sich trotzdem dafür einsetzten, dass folgende Voraussetzungen geschaffen werden (vgl. Winkelmann (1999), S. 237f):

1. Akribisch genaue Protokollierung von Problemen,
2. umgehende Information aller betroffenen Bereiche im Unternehmen (z.B. Logistik, Fertigung, Buchhaltung),
3. automatisierte Rückmeldung an die Kunden über den Bearbeitungsstand der Beschwerde,
4. klare Regelungen für die Bearbeitung von Beschwerden bezüglich Fristen und Zuständigkeitsbereichen,
5. Vorschriften zu den Umständen, die zu einer Einschaltung eines höheren Verantwortlichen führen,
6. eine für alle Mitarbeiter zugängliche Reklamationsstatistik,
7. Regelungen, wie Rückschlüsse auf interne Fehlerquellen gezielt aus Beschwerden eruiert werden können und wie diese zu beseitigen sind und
8. Schulung des Personals im Hinblick auf Antwort-, Kulanz- und Betreuungstaktiken, die die Kundenzufriedenheit dauerhaft sichern können.

Die Durchsetzung dieser Maßnahmen fällt für Sie als Verkäufer natürlich nicht direkt in Ihr Aufgabenfeld, aber Sie werden direkt aus deren Umsetzung profitieren. Einerseits zeigen Sie ihrem Vorgesetzten, dass Sie einen ganzheitlichen Blickwinkel ergreifen können und andererseits werden Sie mit zufriedeneren Kunden arbeiten dürfen, die bereits eine hohe Bindung an Ihr Unternehmen besitzen.

Weitergehende Ausführungen zum Beschwerdemanagement finden sich bei Hofbauer/Schöpfel (2010), S. 311ff.

11.5 Wertschöpfungspartnerschaften

Die Kosten für ein Produkt entstehen entlang der gesamten Wertschöpfungskette, die dieses durchlaufen muss. Auch andere essentielle Faktoren wie z.B. die Qualität, die Verfügbarkeit, das Design und die Zusammensetzung werden durch alle Beteiligten beeinflusst, die im Laufe der Wertschöpfung das Produkt oder seine Bestandteile gestalten. Auf der Grundlage dieser Erkenntnisse streben viele Kunden und Lieferanten heutzutage nach einer partnerschaftlichen Optimierung der Effizienz entlang der gesamten Wertschöpfungskette, um die Wettbewerbsfähigkeit des Endproduktes zu erhöhen und somit die eigene Position im Markt zu sichern.

Falls Sie der Lieferant eines Kunden sind, der das Produkt weiter verarbeitet, sollten Sie in Richtung einer Wertschöpfungspartnerschaft arbeiten, um Ihren Stand beim Kunden zu sichern und sich zu einem unentbehrlichen Partner seines Ablaufes zu machen, was Ihnen einen sicheren Auftragsbestand einbringen wird. Falls Sie das letzte Glied der Wertschöpfungskette vor dem Endverbraucher sind, sollten Sie sich um eine Wertschöpfungspartnerschaft mit Ihrem Kunden bemühen, um aktiv auf die Kosten und die Qualität des Produktes Einfluss nehmen zu können, und somit die Bedürfnisse Ihrer Kunden besser befriedigen zu können. Somit wird gleichzeitig klar, dass eine erfolgreiche Wertschöpfungspartnerschaft eine Win-Win-Situation darstellt, bei der alle beteiligten Unternehmen Vorteile aus der Kooperation ziehen können.

Meist wird die Wertschöpfungspartnerschaft aber durch Bemühungen des Lieferanten ausgelöst. Folgende Liste stellt die wichtigsten Eigenschaften zusammen, die der Kunde erfüllen sollte (vgl. Behle / vom Hofe (2006), S. 398):

Eignung von Kunden für Wertschöpfungspartnerschaften
Deckt der Kunde einen hohen Anteil seines Einkaufsvolumens bei Ihnen?
Ist er kooperationswillig und dokumentiert er dies?
Ist seine Unternehmenskultur mit der Ihres Unternehmens kompatibel?
Verträgt sich eine längere Kooperation mit der langfristigen Zielsetzung Ihres Unternehmens? (z.B. Märkte, Zielgruppen, Umsatzentwicklung,…)
Sind Kosten- und Ertragsvorteile realisierbar? (nicht nur Umsatz)

Tabelle 31: Eignung von Kunden für Wertschöpfungspartnerschaften

11.6 Checkliste für eine bindende Nachkaufbetreuung

Sie haben...	Antworten	
	Ja	Nein
1. alle wichtigen Informationen in einer Kundenkartei erfasst?	☐	☐
2. besonders wirksame Maßnahmen im Rahmen des After-Sales-Service ergriffen?	☐	☐
3. erkannt, welche Bedeutung der Zufriedenheit Ihrer Kunden beizumessen ist? (Streben also langfristige Beziehungen an?)	☐	☐
4. die Erwartungen des Kunden herausgearbeitet?	☐	☐
5. vom Kunden dessen Wahrnehmung der Zufriedenheit mit Hilfe einer Befragung erfahren?	☐	☐
6. Maßnahmen erdacht, die Sie zur Verbesserung der unterdurchschnittlichen Sektoren ergreifen können?	☐	☐
7. diese Maßnahmen durchgeführt?	☐	☐
8. die Zufriedenheit nach der Durchführung der Maßnahmen wieder beim Kunden abgefragt?	☐	☐
9. ein effektives Beschwerdemanagement eingeführt?	☐	☐
10. Wertschöpfungspartnerschaften fokussiert?	☐	☐

Tabelle 32: Checkliste für eine bindende Nachkaufbetreuung

12. Von fairen und unfairen Methoden

Über die gesamte Darstellung der möglichen Argumentationstechniken und -methoden hinweg, wurde in diesem Buch immer darauf hingewiesen, dass Sie nicht versuchen sollten, dem Kunden etwas zu verkaufen, das er nicht haben will. Auch sollten Sie nicht versuchen, ihn durch unfaire oder manipulative Tricks zu übervorteilen. Sie sollten eine solche Vorgehensweise nicht nur vermeiden, da sie sozial verwerflich ist, sondern auch, weil Ihnen wirtschaftlich daraus auf lange Sicht ein Schaden entstehen wird. Dieses Wissen wird Sie allerdings nicht davor bewahren, dass andere Personen, seien es nun Kunden oder andere Verkäufer, manchmal versuchen werden, Sie durch unfaire Techniken hinters Licht zu führen. Deswegen folgt nun eine Zusammenstellung von dialektischen Verhandlungsmethoden, vor denen Sie sich in Acht nehmen sollten (vgl. Ruede-Wissmann (1989), S. 67ff):

Bei dem **Angriff auf die Wahrheit** versucht der unfair agierende Verhandlungsteilnehmer durch Verquickung von Wahrheit und Lügen einen Eklat zu erzeugen, der dann den bisherigen Verhandlungsfortschritt zerstört. Ziel des Ausführenden ist es hier meist bisherige Zugeständnisse zu unterminieren und vielleicht sogar die gesamte Verhandlung in Gefahr zu bringen, um seine eigenen Motive dann später besser durchsetzen zu können. Sie müssen diesem Versuch mit der Wiederherstellung des „Wir-Gefühls" entgegentreten. Schaffen Sie eine gemeinsame Basis, auf der die Verhandlungen fortgeführt werden können:

Beispiel für einen fairen Konter bei einem Angriff auf die Wahrheit:

Verkäufer: „Meine Damen und Herren, bitte entschuldigen Sie. Mit der Vielzahl der Meinungen zu der aktuellen Problematik tritt der gesamte Fortschritt, den wir als Gruppe inzwischen errungen haben, langsam aber sicher in den Hintergrund. Ich bitte Sie (machen Sie verständlich, dass Sie den Aggressor meinen) noch einmal um eine Zusammenfassung der Punkte, zu denen eine Einigung besteht und zu Themen mit weiterem Diskussionsbedarf."

Der **Angriff auf die Person** stellt einen Schlag unter die Gürtellinie dar. Ihr Gegenüber greift, da ihm die Argumente auf der Sachebene ausgegangen sind, direkt auf der Beziehungsebene an. Die korrekte Reaktion auf diese Herausforderung ist Souveränität. Lassen Sie sich nicht reizen und zeigen Sie, dass es Ihnen um eine geschäftliche Lösung geht und dass Sie nicht zu einem persönlichen Schlagabtausch bereit sind:

Beispiel für einen fairen Konter bei einem Angriff auf die Person:

<u>Kunde</u>: „Wie viel verdienen Sie eigentlich?"

„Sie haben zwar eine schöne Stimme, aber etwas Vernünftiges hört man von ihnen nicht!"

„Wer hat Ihnen denn diesen Unsinn auf Ihr Manuskript geschrieben?"

„Ihre Vorschläge sind genau so alt wie Ihre Frisur!"

<u>Verkäufer</u>: „Geehrter Kunde, ich hoffe nicht, dass ich Ihnen durch mein Verhalten Grund zu Ihren unsachlichen Angriffen gegeben habe. Bleiben Sie doch bitte problembezogen und denken Sie an die Einigungen, die wir bereits zusammen getroffen haben. Was halten Sie denn von ..."

Durch einen **Angriff auf die Ruhe** versucht ein Verhandlungsteilnehmer Sie absichtlich in Rage zu versetzen. Er kann sich durch dieses Verhalten verschiedene Vorteile versprechen: Einen Verlust der Übersicht und Argumentationsstärke Ihrerseits, eine Verhärtung der Fronten oder gar einen Abbruch der Verhandlungen. Die Angriffe auf die Ruhe können sowohl auf der Sach- als auch auf der Beziehungsebene stattfinden. Taktisch reagieren Sie hier genau wie auf Angriffe auf Ihre Person: Sie bewahren die Ruhe und verhindern somit, dass der Gegner seine unfairen Ziele erreicht:

Beispiel für einen Konter bei einem Angriff auf die Ruhe:

<u>Kunde</u>: „Ich wusste schon, dass ihre Produkte nichts taugen!"

<u>Verkäufer</u>: „Können Sie mir sagen, warum Sie dies annehmen? Sie waren doch auch in der Vergangenheit immer mit unseren Produkten zufrieden und unser Service hat Ihnen immer ausgeholfen, wenn einmal etwas nicht funktioniert hat."

Auf der Sachebene kann durch den Kunden ein **Angriff auf die Praxis** ausgeführt werden. Besonders bei Verhandlungen zwischen Firmen wird eine Bezeichnung eines Verhandlungsteilnehmers als „Theoretiker" wohl niemals positiv aufgenommen. Meist soll dadurch auch zum Ausdruck gebracht werden, dass ein Konzept für die Praxis unbrauchbar scheint. Als Verkaufsprofi sollten Sie sich aber auch durch diesen Angriff nicht verunsichern lassen. Bei einem bereits bewährten Produkt helfen Referenzen weiter. Bei neuen Produkten oder Konzepten können Sie mit Testergebnissen und Probebetrieben punkten:

Beispiel für einen fairen Konter bei einem Angriff auf die Praxis:

Kunde: „Theoretisch sieht das ganz gut aus..."

Verkäufer: „Diese Auswertungen unserer Testanlage beim Kunden X sollten Sie davon überzeugen, dass unser Modell auch in der Praxis mit Erfolgen aufwarten kann."

Generell gilt also: Immer ruhig und sachlich bleiben und keinesfalls auf Herausforderungen eingehen. Entweder Ihr Gegenüber versucht Sie absichtlich zu reizen, oder er hat nur die Fassung verloren. In beiden Fällen werden Sie sich und Ihren Verhandlungszielen keinesfalls weiterhelfen, wenn Sie sich auf sein Niveau herablassen und mit Beleidigungen um sich werfen.

Eine besonders gute Technik zur Entschärfung so mancher heißer Situationen stellt der „kontrollierte Dialog" dar. Bei dieser Technik wiederholen Sie die Aussagen Ihres Verhandlungspartners mit eigenen Worten, warten auf eine Bestätigung seinerseits und fahren erst nach Erhalt dieser Bestätigung mit Ihren Ausführungen fort. So wird vor allem Missverständnissen vorgebeugt, die durch die unterschiedliche Auslegung von Worten entstehen können. Auch die Bindung zwischen den Verhandlungsteilnehmern wird gestärkt. Allerdings nimmt diese Technik sehr viel Zeit in Anspruch und sollte deshalb nur gezielt bei kritischen Punkten eingesetzt werden.

C. Vertragsmanagement

Das Vertragsmanagement stellt den inhaltlichen Kern in der Verhandlungsphase dar. Verhandlungsgegenstand der Vertragsverhandlungen sind die Ergebnisse aus der Vorklärungsphase, die in einen Vertragsentwurf eingearbeitet werden und zum Vertragsabschluss gebracht werden müssen. Der Vertrag als Verhandlungsergebnis stellt für beide Verhandlungsparteien die Basis der Geschäftsbeziehung dar. Diese Basis ist bestimmt von folgenden Faktoren:

- der Informationslage
- den Machtverhältnissen
- dem erwarteten Ergebnis
- den technischen Faktoren
- den wirtschaftlichen Hintergründen
- den rechtlichen Grundlagen
- den verhandelnden Personen

Im Verhandlungsmanagement geht es meist um Austauschverträge, dabei tauschen die Verhandlungsparteien Leistungen aus. Das Spektrum reicht hier vom einfachen Bargeschäft im Produktgeschäft bis hin zu hoch komplexen Langzeitverträgen im Anlagen- und Zuliefergeschäft. Durch den Vertrag wird der rechtliche Handlungsrahmen zwischen den Parteien festgelegt. Dieser vertragliche Rahmen darf nicht ein starres und unverrückbares Regelwerk darstellen, sondern muss so ausgelegt sein, dass der Informations- und Leistungsaustausch sichergestellt ist, auch wenn Unvorhergesehenes eintritt. Die Zweckmäßigkeit eines Vertrages wird durch das flexibel gestaltete Zusammenspiel folgender Punkte erreicht (Heussen 2002, S. 10):

- Informationsaustausch
- kommunikative Begründungen
- Abschottung von Risiken
- moralische Appelle
- Vertrauensbildung für Vorinvestitionen
- In-Aussicht-Stellen von Schaden
- Einschränkungen vorhandener Alternativen
- Beendigung anderweitiger Verhandlungen

Durch das Vertragsmanagement wird versucht, diese Punkte miteinander zu verbinden und damit eine Übereinstimmung der Vertragsparteien zur Verankerung des Leistungsaustausches herbeizuführen. Dabei gibt es einige Grundregeln, die im Vertragsmanagement Beachtung finden müssen (vgl. Heussen 2002, S. 22f):

Ergebnisorientierung:

Verträge müssen die Erreichung von Zielen unterstützen. Widersprüchliche Vertragsziele müssen verhandelt werden.

Risikoverteilung:

Durch Verträge werden Risiken zwischen den Vertragsparteien aufgeteilt. Risikoprognosen und die Behandlung der Risiken bestimmen die Qualität des Vertrages.

Verfahrensregel:

Ergebnisse hängen auch vom Verfahren, der Vorgehensweise und von den Verhandlungsbedingungen sowie dem Verhandlungsstil ab.

Komplexität und Flexibilität:

Verträge sind komplexe Gebilde, in denen Ursache und Wirkung vielfältig miteinander verbunden sind. Deshalb müssen sie auch flexibel sein, wenn sie nicht brechen sollen.

Information und Kommunikation:

Ohne Information kann man die Sachverhalte nicht richtig einschätzen und in einer Verhandlung ohne Kommunikation kann keine Vertragsbeziehung entstehen.

Strukturieren und Dokumentieren:

Eine gute Strukturierung eines komplexen Sachverhaltes macht ihn transparent und leichter zu bearbeiten. Die Dokumentation erleichtert das Vorankommen und erhöht Sicherheit und Qualität der Verhandlung.

Anregen, nicht überreden:

Man kann niemanden gegen seinen Willen zwingen, aber es ist möglich, die Akzeptanz zu erhöhen, wenn jemand selbst daran mitgewirkt hat.

Unterbewusstsein:

Entscheidungen entstehen nicht nur durch Austausch der Argumente, immer sind auch das Unterbewusstsein, Motive und Gefühle beteiligt.

Bilanz der Zugeständnisse:

Die Bilanz der gegenseitigen Zugeständnisse muss abgestimmt und ausgeglichen sein, vorher sollte man als Verhandlungspartner keine endgültigen Zugeständnisse machen!

Überblick behalten:

In eine Verhandlung sollte nicht nur Vertrauen investiert werden, es ist auch wichtig, die Teilergebnisse zu kontrollieren und im Hinblick auf die Zielführung zu überprüfen.

Phantasie und Kreativität:

Lösungen können aus kleinen Ansätzen entstehen, aber auch durch triviale Ereignisse zerstört werden.

Zauberregel:
Jeder Verhandlungspartner möchte alles und das sofort und kostenfrei!

Diese Grundregeln spielen im Verhandlungsmanagement eine erhebliche Rolle und müssen sorgfältig beachtet werden, da das Ergebnis letztlich in den vertraglichen Formulierungen mündet, die sowohl positiv als auch negativ auf die Beziehung der Verhandlungspartner wirken. Das Vertragsmanagement umfasst alle planerischen und organisatorischen Tätigkeiten, die dazu dienen, den Vertrag zu gestalten und zu realisieren. Dieser Prozess setzt sich aus fünf Elementen zusammen (Heussen 2002, S. 15ff).

- Vertragsplanung
- Vertragsdesign
- Vertragsverhandlung
- Vertragsdurchführung
- Vertragscontrolling

Das Ziel einer jeden Verhandlung ist die Unterzeichnung (Closing) des Vertrages. Ein aktives Vertragsmanagement sollte aus diesem Grund alle fünf genannten Teilgebiete abdecken, damit die Effizienz des betriebswirtschaftlichen Handels eines Unternehmens erhöht wird. Wenn man sich logisch richtig verhält und konsequent und systematisch plant, vorbereitet, abstimmt, verhandelt und Verträge fair erfüllt, dann kann man den Erfolg erhöhen. Wenn man darüber hinaus Erfahrungen sammelt und den Umgang mit komplexen Verhandlungssituationen schult, vermeidet man auf jeden Fall grobe Fehler, auch wenn man die Komplexität der Gesamtsituation zu Beginn der Verhandlung noch nicht richtig einschätzen kann.

1. Vertragsplanung

In der Vertragsplanung geht es um die Gestaltung der Ziele und die Festlegung des Weges, wie durch den Vertrag diese Ziele erreicht werden sollen. Diese Ziele sind meist kaufmännischer und technischer Natur, können aber auch andere Bereiche einschließen, so etwa den Wunsch nach künstlerischem Ausdruck, politischem Einfluss und anderen Faktoren (Heussen 2002, S. 18 und 27ff).

In der Verhandlungsplanung ist es nicht immer einfach, die richtige Strategie zu finden, um das geplante Projekt zu verwirklichen bzw. den Vertrag abschließen zu können. Die Planung dieser Strategie ist immer eine Führungsaufgabe der Geschäftsführung bzw. des Vorstandes, der mit der Rechtsabteilung oder den Anwälten die richtige Vorgehensweise abstimmen muss, denn in diesem Bereich geht es keineswegs nur um juristische Fragen, es ist vielmehr immer auch die Unternehmensstrategie zu berücksichtigen. In der Vertragsplanung müssen folgende Aspekte berücksichtigt werden:

- Jede Verhandlungspartei hat in der Regel entgegengesetzte Projektziele.

- Diese können aber nur erreicht werden, wenn beide Parteien einen Vertrag abschließen, in dem diese unterschiedlichen Projektziele rechtlich miteinander verbindlich verknüpft werden.

In solchen Situationen haben beide Parteien gute Gründe, den Vertrag zu schließen, stehen aber auf der anderen Seite im Konflikt damit, dass sie mit dem Vertrag ihre eigenen Ziele nur erreichen können, wenn auch die eigenen Bedingungen angemessen erfüllt werden. Über die Verhandlungsstrategie muss man versuchen, diesen Konflikt zu lösen, um das Vertragsziel zu erreichen.

Neben der Vertragsstrategie gibt es noch die Vertragstaktik. Die Strategie definiert das Projektziel und das Vertragsziel. Die Vertragstaktik befasst sich mit den Mitteln, Werkzeugen und Wegen, wie diese Ziele erreicht werden können. Diese Werkzeuge sollen dem Zweck dienen, den Erfolg der Strategie durch Kontrolle zu sichern, denn nur so können Vorteile und Übergewichte einer Seite wieder ausgeglichen werden.

Eine ergebnisorientierte Vertragstaktik versucht, das strategische Ziel eines klaren und ausgewogenen Vertragstextes zu erreichen, und achtet beim Vertragsmanagement darauf, dass die Art und Weise, wie die Verhandlung geführt und der Vertrag realisiert wird, von beiden Parteien als gemeinsame Aufgabe betrachtet wird, soweit die Interessengegensätze dies zulassen.

Planungsfaktoren

Um die Planung und Strategie nicht der Intuition der Beteiligten zu überlassen, ist es sinnvoll, sie entsprechend gewisser vertragsrelevanter Faktoren zu strukturieren. Diese sind (Heussen 2002, S.34ff):

Informationen: Informationen sind die wichtigste Planungsgrundlage, denn alle anderen Faktoren hängen davon ab. Wer über die relevanten Sachverhalte nicht informiert ist, kann darauf nicht eingehen. Auch Informationen über die eigenen finanziellen Ressourcen oder diejenigen des Vertragspartners sind wichtig.

Machtverhältnisse und Beziehungen: Machtverhältnisse und Beziehungen innerhalb des Unternehmens und zu externen Partnern sind wichtige Indikatoren für die Vertragsplanung. In jedem Unternehmen sind die Rechtsverhältnisse durch Verträge geregelt und alle Beteiligten müssen sich überlegen, ob ihnen mit dem Verhandlungsabschluss gedient ist.

Zeitrahmen: Unstrukturierte Zeit gleicht einer Zeitverschwendung. Wie man an vielen gescheiterten Projekten sehen kann, ist dies eine der wichtigsten Regeln. Verhandlungen, die ohne konkrete Zwischenergebnisse, bindende Zeitvereinbarungen und ähnliche Hilfsmittel angegangen wurden, mit denen man Zeit strukturiert, drohen oft im Sande zu verlaufen.

Finanzielle Mittel: Geld spielt für die Planung eine große Rolle, vor allem, wenn es um das Aushandeln von Investitionen und Preisen geht. Finanzmittel sind immer knapp und wertorientierte Unternehmen rechnen ganz genau. Zu den Gepflogenheiten gehört auch, Zahlungen zurück zu behalten, wenn man etwas zu beanstanden hat, damit man dem eigenen Anliegen entsprechendes Gewicht verleihen kann.

Projektteams: Bei größeren Projekten ist es ratsam, ein Projektteam mit der Verhandlung zu beauftragen, da nur so sichergestellt werden kann, dass die erforderlichen Kompetenzen im Team abgedeckt werden können und die Kapazität aufgebracht werden kann.

Berater: Bei den meisten Projekten ist der Einsatz von externen Beratern (z.B. Anwälte) notwendig. Eine wichtige Aufgabe in der Planungsphase ist es, diese Berater

174

frühzeitig auszuwählen und innerhalb des Projekts zu koordinieren. Fehler in diesem Bereich können den Erfolg unmittelbar beeinträchtigen.

Kommunikation: Die Kommunikation unter den Beteiligten darf nie unterschätzt oder vergessen werden. Die Grundvoraussetzungen für eine funktionierende Kommunikation müssen durch die Planungsmaßnahmen geschaffen werden, damit grobe Irrtümer, Missverständnisse und Fehler vermieden werden können.

Störfaktoren: In der Verhandlungsplanung müssen auch Störfaktoren berücksichtigt werden. Die adäquate Einschätzung dieser Störfaktoren verhindert in der Verhandlungsphase einen fehlerhaften Vertragsabschluss und ermöglicht in der Phase der Vertragsdurchführung frühzeitig eine rasche und gezielte Gegenreaktion, um das beiderseitige Interesse wahren zu können.

Diese Planungsfaktoren sind vor allem unter den rechtlichen, kaufmännischen und technischen Gesichtspunkten zu bewerten, welche die Entscheidung letztlich bestimmen. Für die Planungsphase ist es wichtig, den Bezug zwischen Zielorientierung und Verbindlichkeitsgrad sowie dem geplanten Zeitbedarf herzustellen. Auf diese Art und Weise lässt sich der Planungsprozess übersichtlich in Arbeits- und Entscheidungsschritte darstellen und Abweichungen vom Plan schnell identifizieren.

Risikobewertung

Die Bewertung von Risiken ist in jeder Phase der Verhandlungsphase von besonderer Wichtigkeit. In der Vertragsplanung müssen die Risiken erfasst und bewertet werden, die für das Projekt mit hoher Wahrscheinlichkeit relevant werden können. Die Auffangplanung der Risiken sollte möglichst frühzeitig schon in das Vertragskonzept integriert werden, damit die Wahrscheinlichkeit des Gelingens steigt.

Das Risikomanagement besteht aus drei Bereichen (Heussen 2002, S. 71):

- Es müssen alle gesetzlichen und sonstigen Regeln, die die unternehmerische Tätigkeit bestimmen, ermittelt und berücksichtigt werden.

- Durch den Vertrag müssen die Risiken ausgewogen auf die Vertragsparteien verteilt werden.

- Durch das Vertragsmanagement muss v.a. in der Umsetzung sichergestellt werden, dass die Vertragsparteien bei Störfällen schnell, zuverlässig und im beiderseitigen Interesse reagieren können.

Die Risikobewertung erfasst im Wesentlichen folgende Punkte (Gregorc 2005, S. 36):

Termine: Hierunter ist das Risiko zu verstehen, dass aus verschiedenen Gründen die festgelegten Termine nicht eingehalten werden können.

Kosten: Finanzielle Risiken können zum Beispiel durch Teuerungen gegenüber ursprünglichen Annahmen oder Preisangaben von Lieferanten entstehen.

Qualität sowie Liefer- und Leistungsumfang: Die vereinbarte Qualität spielt eine ebenso große Rolle wie die Einhaltung des Liefer- und Leistungsumfanges.

Kontinuität: Hier kann es zu Risiken durch Veränderungen im Projektumfeld kommen, welche entscheidenden Einfluss auf den weiteren Ablauf haben können. Beispielsweise wird der Einsatz eines bestimmten Materials zu einem Zeitpunkt während der Vertragslaufzeit verboten (z.B. Asbest).

Vertragsvorbereitung

Als letzter Schritt in der Vertragsplanung ist die Vertragsvorbereitung durchzuführen, um den Vertrag auch organisatorisch vorzubereiten. In dieser frühen Phase sind alle Aspekte zu beachten und auch die Positionen und Argumente der Verhandlungspartner einzubeziehen, um auf alle Eventualitäten vorbereitet zu sein.

Die Form und der Inhalt des Vertrages hängen unmittelbar mit der Art, Umfang und Ablauf der Vertragsvorbereitung zusammen. Es gibt eine Fülle von Sachverhaltsgestaltungen, bei denen man die übliche Praxis einer Ad-hoc-Entscheidung überprüfen und sich überlegen sollte, ob ein unbedeutend erscheinender Vertragsschluss nicht doch weitreichende Konsequenzen haben kann, die eine sorgfältige Vorbereitung rechtfertigen. Erst nach Analyse ist es möglich, Details ausfindig zu machen, auf die es später entscheidend ankommt (Heussen 2002, S.85 ff).

Wichtige Erkenntnisse erhält man durch konkrete Informationen über den Vertragspartner. Bei allen Verträgen ist es, unabhängig von ihrem Inhalt, wichtig zu wissen,

mit wem man es zu tun hat. Die nachfolgenden Informationen über den Vertragspartner müssen so früh wie möglich erhoben, spätestens vor Vertragsabschluss noch
einmal überprüft und während der Vertragsdurchführung aktuell gehalten werden:

- Firmenbezeichnung

- Rechtsform

- Hauptsitz

- Niederlassungen

- Kapitalausstattung

- Organisationsstruktur

- Wirtschaftliche Informationen (Umsatzentwicklung etc.)

- Zahl der Mitarbeiter

- Tätigkeitsbereiche

- Wirtschaftsauskünfte

Diese Informationen sind alle wichtig, da sie in allen Phasen des Vertragsmanage-
ments relevant sein können.

2. Vertragsdesign

Das Vertragsdesign lehnt sich an das allgemeine Verständnis von „Design" als das Gestaltungselement von Gegenständen an. Darüber hinaus sollen das Design und die Auslegung eines Vertrages so gestaltet sein, dass der Vertrag realisierbar, verifizierbar und die Durchführung lenkbar ist. Das Design des Vertrages besteht aus folgenden Elementen (Heussen 2002, S.102):

- Form des Vertrages

- Aufbau, Gliederung und Struktur des Vertrages

- Sprache des Vertrages

Die Funktion, die ein Vertrag wahrnehmen soll, hängt von den strategischen Zielen ab, die mit ihm verfolgt werden sollen. Ein solches Ziel kann zum Beispiel darin bestehen, dass der Vertragspartner durch den Vertrag gebunden ist, auch wenn diese Bindung nur sehr schwach ist. Auch in diesem Fall schafft der Vertrag strategische Positionen, indem er die Parteien daran hindert, während der Laufzeit der Vorverhandlungen nicht parallel mit anderen zu verhandeln, wenn dies z.B. im Letter of Intent so vereinbart wurde.

Komplexe Projektverträge hingegen sollen eine Arbeitsplattform zwischen den Vertragsparteien herstellen, die es auch in Fällen von Störungen und Krisen ermöglicht, möglichst konfliktfrei miteinander auszukommen.

Nicht jedes Mal hat man die Möglichkeit bei der Verhandlung die Entwurfsregie zu übernehmen. Vor allem dann, wenn man zum Beispiel mit großen Unternehmen verhandelt, die für bestimmte Rechtsverhältnisse Standardverträge verwenden, die sie grundsätzlich nicht ändern wollen. In diesem Fall spielt das Vertragsdesign eine Rolle, denn auch in Standardsituationen gibt es immer wieder Einzelheiten, die individuell zu regeln sind, und oft genug hat man in diesem Bereich die Chance, auf das Vertragsdesign Einfluss zu nehmen. Ebenso kann man natürlich zu vorgelegten Entwürfen eigene Gegenentwürfe machen. Wenn das eigene Vertragsdesign geschickter und besser ist, als das der anderen Seite, zieht der Verhandlungspartner den eigenen Entwurf möglicherweise zurück, so dass man den am Anfang verlorenen Boden wieder gut machen kann.

Werkzeuge für das Vertragsdesign

Die Werkzeuge, die im Bereich des Vertragsdesign benutzt werden, sind z.B. Checklisten oder Vertragsmuster.

Checklisten haben den Vorteil, dass die richtige Handhabung und die Erfahrung aus jedem einzelnen Vertrag, den man erstellt, in die Checkliste Eingang finden kann (Heussen 2002, S 106). Man kann zwei Arten unterscheiden:

Checklisten zur Vorbereitung des Vertrages:

Diese sind so aufgebaut, dass sie dem Verlauf der Vertragsvorbereitung angepasst sind. Man kann sie zeitlich so aufbauen, dass das, was zuerst zu prüfen ist, am Anfang steht, oder auch so, dass die wichtigsten Vertragseckdaten zunächst zu prüfen sind, während die mehr formalen Aspekte später zu prüfen sind.

Checklisten für den Vertragsentwurf:

Diese Checklisten sind an der Struktur des jeweiligen Vertrages orientiert. Ausgehend von einem Grundmuster lässt sich für jede konkrete Anwendung eine spezielle Checkliste entwickeln. Die nachfolgende Tabelle 33 kann dafür als Basischeckliste (Heussen 202, S. 314ff) verwendet werden.

Vorabfragen	gesetzlich vorgeschriebene Formerfordernisse Vertragssprache Übertragung von Rechten und Pflichten Vertragspartner Verhältnis zu anderen Verträgen
Vertragliche Grundlagen	Überschrift (Rubrum) des Vertrages Präambel oder Vorbemerkung Registerstand Begriffsdefinitionen Geltungsbereich des Vertrages Rangfolge von Regelungen
Inhalt und Leistungen	Sachleistung Geldleistung Leistungsbestimmungsrechte Regelungen des Verzugs

Sicherung der Leistung	Sicherung der Sachanlagen
	Sicherung der Geldleistungen
	Allgemeine Leistungssicherung
	Allgemeine Haftungsvereinbarung
Vertragsdurchführung	Leistungsvollzug
	Beginn und Beendigung des Vertrages
	Vertragsanpassung und Vertragsänderungen
	Abnahme und Übergabe
	Besondere Nebenpflichten
Allgemeine Bestimmungen	Rechtswahl
	Erfüllungsort und Gerichtsstand
	Schriftformklausel
	Salvatorische Klausel
	Schiedsregelungen
	Kosten
Anlagen	Spezifikationen
	Lastenheft und Pflichtenheft
	Stücklisten
	Zeichnungen
	Bürgschaften
	Projektpläne
	Lagepläne

Tabelle 33:   Basischeckliste für Austauschverträge

Eigene Checklisten kann man dazu benutzen, Vertragsentwürfe, die die andere Seite vorlegt, auf Übereinstimmung mit der eigenen Interessenlage zu überprüfen. Der Wert von Checklisten relativiert sich allerdings umso mehr, je allgemeiner sie gefasst sind. Eine Checkliste kann helfen, einen einmal gefundenen Vertragsinhalt in eine sinnvolle Struktur zu bringen. Sie ist auch zur Gegenkontrolle nach der Strukturierung eines Vertrages nützlich.

Vertragsmuster stehen in großer Anzahl zur Verfügung. Ohne sie könnte man eigene Checklisten nur auf der Basis der eigenen Erfahrungen entwickeln, was einen erheblichen Zeitaufwand benötigen würde. Bei der Verwendung von Vertragsmustern hat man oft das Problem, dass die Perspektive des Verfassers nicht klar genug erkennbar ist. Checklisten, die der künftigen Vertragsstruktur folgen, können oft mit Vertragsmustern sinnvoll verknüpft werden, indem die jeweils unterschiedlichen Perspektiven in typische Formulierungen ausgedrückt werden.

Arbeitstechniken

Arbeitstechniken helfen beim Entwurf von Verträgen (Heussen 2002, S. 111). Die Organisationsprobleme lassen sich nur bewältigen, wenn man über geeignete Arbeitstechniken verfügt. Die einzelnen Arbeitsschritte, die vorzunehmen sind, wenn man einen eigenen Entwurf fertigen oder den Entwurf der Gegenseite bewerten will, setzen sich aus mehreren Teilen zusammen. Man muss die Gesamtaufgabe in den wesentlichen Umrissen planen, in mehrere Teilbereiche aufteilen, einen Zeitrahmen festlegen, in dem der Entwurf zu erledigen ist und das angestrebte Ergebnis in geeigneter Weise kontrollieren. Kommt man dann in das Entwurfsstadium, so muss man übersichtlich gliedern, logische Gedankenfolgen erzeugen, sprachlich verständlich formulieren und Ergebnisse vielfältig abstimmen.

All dies gelingt nur, wenn man für das gegebene Thema Material sammelt, um jede einzelne Detaildarstellung zu lösen, es in alle seine Detailaspekte zerlegt, den Stoff gliedert, Teilentwürfe für jeden einzelnen Problemkreis skizziert, um am Ende den Gesamttext zusammenzuführen.

Bei einfachen sowie bei komplexen Verträgen bewährt es sich immer wieder, wenn man sich die Beziehungen zwischen den Verhandlungsparteien und Dritten durch Skizzen klarmacht. Durch Mind Mapping lassen sich nicht nur statische Tatsachen zeichnerisch erfassen, sondern auch Entwicklungen von Beziehungen einfach darstellen.

Vertragsinhalte

Vertragsinhalte können ebenfalls anhand von Checklisten durchgearbeitet werden. Diese Inhalte dienen beiden Verhandlungspartnern zur Orientierung über die Themen der Verhandlung und zur Strukturierung des Vertrages. Tabelle 34 gibt einen Überblick über die Grundbestandteile eines Vertrages.

Vertragsgegenstand	In diesem Punkt müssen die genauen Leistungs- und Lieferumfänge des Lieferanten (evtl. auch die Liefer- und Leistungsanteile des Abnehmers) definiert werden. Dazu gehören auch alle mit der Lieferung verbundenen Dienstleistungen, wie z. B. Bedienerschulung und Wartungsaufgaben.
Normen und Standards	Sofern möglich, sind die bekannten deutschen (DIN) bzw. internationalen (CEN und ISO) Normvorschriften zugrunde zu legen. Abweichende Normen bedeuten in der Regel Zusatzaufwand und Abstimmungsprobleme.
Termine	Sämtliche Termine (Zwischen- und Endtermine) müssen für alle Teilleistungen festgelegt und auf den Endtermin abgestimmt werden, damit keine Unklarheiten auftreten und das Gesamtprojekt planbar ist. Abweichungen vom Terminplan können Konventionalstrafen nach sich ziehen.
Preis	Preishöhe, Teilzahlungen, Rabette, Skonti sowie Preisgleitklauseln sind in der vereinbarten Währung zu fixieren und bestimmte Stichtage für Wechselkursberechnungen und Gleitklauselberechnungen müssen festgelegt werden. Ferner sind Teilleistungen nach einem vereinbarten Modus (z.B. nach Percentage of Completion) abzurechnen. Anfallende Nebenkosten wie Abgaben, Zölle, Fracht etc. müssen eindeutig den Vertragsparteien zugeordnet werden.
Zahlungsbedingungen	Bei der Festlegung der Zahlungsbedingungen ist darauf zu achten, dass der Käufer erst dann von seiner Zahlungsverpflichtung befreit ist, wenn der Kaufpreis im tatsächlichen Verfügungsbereich des Lieferanten liegt. Die Vorgehensweise bei Liefer- und Zahlungsverzug ist eindeutig zu regeln.
Eigentums- und Gefahrenübergang	Hier sollte vor allem auf die INCOTERMS-Regelungen (EXW, FCA usw.) zurückgegriffen werden, die eine eindeutige Regelung für folgende Punkte beinhalten: Lieferung und Abnahme der Ware, Gefahrenübergang und Risiken des Transports, Transportkosten und Kostenübernahme, erforderliche Dokumente der Lieferung.
Verpackung, Transport und Verzollung	Bei der Verpackung kann in der Regel auf den Terminus „handelsübliche Verpackung" zurückgegriffen werden, allerdings sollte auch dies spezifiziert werden. Der Lieferant sollte sich auf diejenigen Transportmittel und -wege festlegen, die einen einwandfreien Transport unter den jeweiligen Umständen sicherstellen. Bei der Verzollung sollte versucht werden, eine Zollfreistellung zu erreichen.

Versicherungen	Projektversicherungen sollten möglichst bei einem Versicherungsträger erfolgen, um Risiken aus Versicherungsnahtstellen zu vermeiden.
Inbetriebsetzung	Da die Inbetriebsetzung in der Regel zahlungsauslösend wirkt, sind die Bedingungen des Probebetriebs und der zu erbringenden Leistungsnachweise eindeutig zu regeln.
Abnahmen	Abnahmetermine sind immer letztmögliche Termine. Frühere Abnahme ist möglich. Die Abnahmeerklärung bedeutet, dass der Kunde die Liefer- und Leistungsverpflichtungen des Anbieters als im Wesentlichen erfüllt ansieht. Kleinere Mängel können nachgebessert werden, müssen aber im Abnahmeprotokoll festgehalten werden. Mit erfolgter Abnahme ist der Kaufpreis bzw. die Schlussrate zur Zahlung fällig.
Gewährleistungen	Im deutschen Sprachgebrauch sind Gewährleistungen deutlich von Garantien zu trennen. Nach deutschen Recht regeln sich die Rechte des Käufers bei Mängeln nach §437 BGB. Die Haftung für indirekte Schäden und Mängelfolgeschäden ist möglichst auszuschließen.
Vertragsstörungen	Zu unterscheiden sind Vertragsstörungen vor und nach Abnahme der Sache, Vertragsstörungen durch Dritte bzw. höhere Gewalt, sowie das Eintreten von Umständen, die vom Lieferanten oder vom Käufer zu vertreten sind. Es sollte ein Haftungsausschluss für Folgeschäden erfolgen.
Anzuwendendes Recht	Wegen der sehr unterschiedlichen Rechtsfolgen kommt bei internationalen Projekten der Festlegung des anzuwendenden (nationalen) Rechts eine besondere Bedeutung zu.
Schiedsgericht	Ein Schiedsgericht ist vor allem bei internationalen Verträgen und Projekten zu empfehlen, da damit eine öffentliche und langwierige Verhandlung vermieden werden kann.

Tabelle 34: Grundbestandteile eines Liefervertrages

Bei den Vertragsinhalten sollte auch die Risikobeschreibung und Risikoverteilung angemessen berücksichtigt werden. Ein wesentliches Element, um die eigene Position schützen zu können liegt darin, Sollbruchstellen im Vertrag einzubauen. Solche Regelungen sind z.B. (Heussen 2002, S. 130):

- Preisanpassungsklauseln

- Sonderkündigungsrechte

- Zustimmungsrechte

- Genehmigungsvorbehalte

- Prüfrechte

- Bedingungen

- Befristungen

- ausdrückliche Ermessensspielräume

- flexible Qualitätsanforderungen

Spezielle Vereinbarungen über in der Zukunft liegende Handlungsmöglichkeiten können den Vertragsinhalt ebenfalls wesentlich bestimmen. Dazu gehören:

- Mindestabnahmemengen

- Abnahmegarantien

- Exklusivitätsabsprachen

- Wettbewerbsverbote

- Vorkaufsrechte

- Optionen

- Wahlrechte

Ablauflogisch im Verhandlungsmanagement sind die Inhalte im Vertragsdesign einzuordnen.

Im Industriegüterbereich gibt es folgende Vertragstypen:

- Kaufverträge und Lieferverträge (Einzel- und Rahmenaufträge)

- Werkverträge

- Miet-, Leasing- und Pachtverträge

- Verträge über projektbezogene Kooperation, z. B. Entwicklungskooperation

- Verträge über längerfristige Kooperationen

- Verträge mit Absatzmittlern, z. B. Handelskanäle

- Dienstleistungsverträge, z. B. Wartungsverträge

- Managementverträge, z.B. Betreibermodelle

- Personal- und Arbeitsverträge

- Vertriebsbindungen

- Qualitätssicherungsvereinbarungen

- Allgemeine Geschäftsbedingungen (AGB)

3. Vertragsverhandlung

Wenn man den Begriff des Verhandelns sehr weit definiert, dann umfasst er nicht nur den Kern rechtlich relevanter Verträge, sondern jede Art der Kommunikation, die zu einem von beiden Seiten akzeptierten Ergebnis führen soll. Diese Art der Kommunikation findet in mehreren Phasen des Vertriebs- und Beschaffungsmanagements statt. Insbesondere in der Vertragsverhandlungsphase werden rechtliche Verpflichtungen eingegangen.

Die strategischen Ziele und Überlegungen, die bereits im Bereich der Vertragsplanung entwickelt werden müssen, spielen in der Verhandlungsphase die entscheidende Rolle. Verträge sind Vereinbarungen zwischen Vertragsparteien, die durch Verhandlungen versuchen, ihre gegenseitigen Interessen auf einen gemeinsamen Nenner zu bringen. Wie und unter welchen Umständen verhandelt werden soll, ist nicht vorgeschrieben. Das kann durch schriftlichen Austausch von Vertragsentwürfen, durch Briefwechsel und ähnliche Formen geschehen und setzt nicht zwingend eine Konferenz beider Parteien an einem bestimmten Ort zu einer bestimmten Zeit voraus.

Die Vertragsverhandlung umfasst alle strukturierten Kontakte zwischen den Vertragsparteien zum geregelten Austausch von Informationen mit dem Ziel, einen Vertrag abzuschließen. Die strategischen Fehler bei Vertragsverhandlungen beruhen darauf, dass unproblematische Abläufe, die man hundertfach schon praktiziert hat, in Situationen wiederholt werden, in denen sie sich als ungeeignet, missverständlich oder gefährlich erweisen.

Verhandlungsstrategie

Wie Verhandlungen ablaufen, ob einfach, automatisch oder komplex, ist immer von bestimmten Konstellationen abhängig. Immer gehören auch bestimmte Regeln und Rituale dazu, die man kennen muss. Verträge werden immer von Personen verhandelt, auch wenn diese im Namen von Firmen, Systemen und Institutionen handeln. Man spricht bei Vertragsverhandlungen von offenen und unbewussten Regeln. Daraus ergeben sich immer spielerische und kämpferische Elemente. Verhandlungen sind Spiele bei denen es offene, versteckte und unbewusste Regeln gibt.

Zu den offenen Regeln der Vertragsverhandlung gehört alles, was man förmlich vereinbart, also die Zeit, den Ort, die Sprache, die Teilnehmer, die Tagesordnung etc.

Versteckte Regeln herrschen dort, wo jede Vertragspartei sich nach einem bestimmten Konzept verhält und dieses Konzept von der anderen Seite stillschweigend akzeptiert wird. Dazu gehört etwa die Reihenfolge der Redner, der Themenkatalog, der Umfang der gegebenen Informationen oder das taktische Verhalten, auf das die andere Seite, ohne es zu problematisieren, reagiert.

Die unbewussten Regeln umfassen Verhaltensweisen der Beteiligten, die diese befolgen, ohne zu erkennen, nach welchem Muster die eigene Strategie abläuft. Dies sind vor allem die Körpersprache, die Inszenierung des eigenen Charakters, das Temperament, die dargestellten Rollen etc.

Dieses Gesamtverhalten umfasst Tatsachen und Meinungen ebenso wie Gefühle, Phantasien und Spiele, die die handelnden Personen in komplexer Weise nur beherrschen, wenn sie in Standardsituationen immer wieder durchgespielt werden. Genau dadurch aber entsteht auch eine Scheinsicherheit, die in ungewöhnlichen Situationen die Aufmerksamkeit beeinträchtigt und zum Rückgriff auf Stereotypen statt zu kreativem Verhalten führt.

Verhandlungsstil

Die unterschiedlichen Vorstellungen darüber, wie man erfolgreich verhandelt, führen zu unterschiedlichen Verhandlungsstilen, die wiederum Verhandlungsbedingungen und Verhandlungsklima prägen. Die meisten Verhandlungen beschäftigen sich im Wesentlichen mit dem Austausch von logischen Argumenten, wobei das Unterbewusstsein zu 70% auf emotionale Sachverhalte reagiert und nur 30% logisch kontrollierbar sind. Entscheidend ist deshalb immer die „Verpackung" der Argumente. Die Sprache ist dabei ein wesentliches Element, weil in Verhandlungen viel gesprochen wird und das Ergebnis normalerweise in einer Textfassung endet. Fast ebenso wichtig sind das Schweigen, die Körpersprache, die Klarheit und Richtigkeit der Informationen, die Darstellung von Mitgefühl und Konsequenz (Heussen 2002, S. 175). Verschiedene Perspektiven können in der Verhandlungsphase unterschieden werden:

- kontrollierend

- tatsachenorientiert

- emotional

- optimistisch

- pessimistisch

- kreativ

Jede dieser Perspektiven hat unter bestimmten Bedingungen eine Berechtigung und jede kann ihren Beitrag zu einem sachgerechten Ergebnis leisten. Es ist also keinesfalls so, dass man immer nur eine bestimmte Perspektive einnehmen muss. In vielen Fällen ist es notwendig, situationsadäquat die Perspektiven auszuwählen. Wichtig ist immer, sich über die verschiedenen Perspektiven auch in schwierigen Verhandlungssituationen bewusst zu sein.

Wer sich über die verschiedenen Perspektiven im Klaren ist und zwischen ihnen abwägen kann, hat bereits dadurch einen erheblichen taktischen Vorteil gegenüber den Verhandlungspartnern. Er kann situationsgerecht zwischen den einzelnen Perspektiven wechseln und damit Vertrauen zum Ausdruck bringen und Kontrolle jeweils dort fordern, wo sie erforderlich ist.

Ein ergebnisorientierter Verhandlungsstil nutzt das gesamte Spektrum der Perspektiven aus. Er trägt dazu bei, die eigenen Interessen zu verdeutlichen, die Interessen des Vertragspartners zu erforschen, Gefühle zu äußern und zu interpretieren, berechtigte Argumente zu unterstützen, unbrauchbare Argumente zu verwerfen, Gemeinsamkeiten zu finden, Unterschiede offen zu überbrücken, Kontroversen kreativ zu nutzen und gegenseitigen Respekt und Fairness zu demonstrieren.

Konfliktelemente

Bei Verhandlungen tauchen typischerweise sieben Konfliktelemente auf, die man genau analysieren muss, wenn man zum Ergebnis kommen will.

Interessen: Dies sind die eigenen Interessen, die Interessen anderer und die Interessen Dritter. Diese müssen artikuliert und definiert werden.

Optionen: Dies sind die Wahlmöglichkeiten, die jede Seite oder Dritte haben.

Rechtlicher Rahmen: Dieser ist entweder aufgrund vorhandener Verträge vorhanden oder fehlt.

Beziehungen: Dies sind persönliche und vertragliche Beziehungen, die die Parteien untereinander haben.

Kommunikation: Darunter versteht man die Art der Kommunikation und die Nutzung der verschiedenen Kommunikationswege.

Verpflichtungen: Das sind die Lasten und Pflichten, die beide Vertragspartner erfüllen müssen.

Alternativen: Das sind die Ereignisse, die eintreten werden, wenn die Parteien die vorhandenen Optionen nicht wahrnehmen können oder wollen.

Da sich diese sieben Elemente sehr stark gegenseitig an nicht immer vorhersehbaren Schnittstellen beeinflussen, ist es stets hilfreich, eine Visualisierung vorzunehmen, um so die notwendige Übersicht herzustellen. Folgende Aspekte sind dabei zu berücksichtigen:

- Höhe der Vorinvestition

- Vertrauen der Verhandlungspartner

- Risiko der Nichterfüllung

- Höhe der Strafe bei Nichterfüllung

- Verhandlungserfahrung der Partner

- Einschränkung von Alternativen

- Moralischer Druck auf Verhandlungspartner

- Effektivität der Verhandlungswege

4. Vertragsdurchführung

In der Vertragsdurchführung stellt sich heraus, ob in den vorangegangenen Phasen gut gearbeitet worden ist und der Vertrag auch flexibel genug gestaltet ist, um eine ungestörte Vertragserfüllung zu ermöglichen. Die Einordnung der Vertragsdurchführung auf Kundenseite beginnt mit dem Bestellmanagement (Hofbauer/Hellwig 2012, S. 437) und auf Anbieterseite mit dem Auftragsmanagement (Hofbauer/Hellwig 2012, S. 310).

Für Austauschverträge im Vertriebs- und Beschaffungsmanagement können folgende Regelungen über die Durchführung getroffen werden (vgl. Heussen 2002, S. 281ff):

- Protokolle aus Projektsitzungen während des Auftragsmanagements

- Vereinbarung zwischen den beteiligten Projektmanagern

- Vereinbarungen über Informationspflichten

- Prüfungs- und Abnahmeverfahren

- Vereinbarung über spezielle Verfahrensregeln

- Konkretisierung von Hinweis- und Warnpflichten

Die Planungsfaktoren in dieser Phase entsprechen denen der Vertragsplanung, allerdings ist die Perspektive eine andere. In der Vertragsplanung versucht man, ein akzeptables Ergebnis zu verhandeln und zu erreichen. In der Vertragsdurchführung muss man den drei Perspektiven Rechnung tragen, die zusätzlich zu den gesetzlichen Regelungen greifen:

- Welche Rechte ergeben sich aus dem Vertrag?

- Welche Pflichten ergeben sich aus dem Vertrag?

- Wie werden diese Rechte und Pflichten vom Vertragspartner beeinflusst?

Auch auf die Möglichkeit der Leistungsänderungen muss man in dieser Phase eingehen können. Hier zahlt es sich aus, wenn dieses Thema in der Planungsphase gut durchdacht worden ist. Die Leistungsänderungen können auf vielfältigen Ursachen beruhen (Heussen 2002, S. 289):

- einseitige Planänderungen auf einer Seite

- einseitige Planänderungen für beide Seiten

- organisatorische Umstellungen

- personelle Veränderungen

- technische Änderungen

Dokumentation

Für das Auftragsmanagement aus Vertriebssicht empfiehlt sich die genaue Dokumentation und Verfolgung der Sachverhalte. Dazu sind folgende Unterlagen (vgl.
Heussen 2002, S. 290f) einzufordern, bzw. zu erstellen:

- Die Änderung ist aus folgenden Gründen erforderlich (inkl. technischer Beschreibung).

- Die Änderung wirkt sich über folgende Schnittstellen auf andere Leistungsbe-
  reiche aus.

- Folgende Teilleistungsbereiche entfallen (ggf. mit Bezug auf das Pflichten-
  heft).

- Der Auftraggeber/-nehmer muss in folgendem (zu spezifizierendem) Umfang
  mitwirken.

- Der Terminplan ändert sich wie folgt (ggf. mit Projektplan unterlegen).

- Der vereinbarte Preis ändert sich wie folgt (ggf. mit Kalkulation unterlegen)

- Eine Zusatzvergütung/Kostenerstattung wird festgelegt.

- Der Einfluss auf die Qualitätsstandards muss festgelegt werden (Spezifika-
  tion).

- Folgende Projektbeteiligte (Namen) sind zu informieren.

- Die vorliegende Änderungsvereinbarung ist integrativer Bestandteil des Pro-
  jektvertrages.

Damit der verhandelte Vertrag richtig abgearbeitet werden kann, ist ein permanentes
Vertragscontrolling erforderlich. Dazu gehört auch ein gut organisiertes Claim-Mana-
gement.

192

Claim Management

In erster Linie dient das *Claim Management* der Ergebnissicherung im Projekt. Berechtigte Forderungen sind durchzusetzen oder zu akzeptieren, unberechtigte Claims sind abzulehnen. Das Claim Management gewinnt seit Jahren immer mehr an Bedeutung. Ursachen für die Entwicklung sind die verschärften internationalen Wettbewerbsbedingungen und die umfassenderen Anforderungen der Unternehmen an ihre Lieferanten. Dazu gehören kürzere Lieferzeiten, steigende Funktionalität und kleinere Budgets. Die Anforderungen werden immer härter, sind den Unternehmen aber im Prinzip seit langem bekannt.

Claim Management ist ein wesentlicher Bestandteil des praxis- und ergebnisorientierten Projektmanagements und dient der Sicherung und Optimierung des Projekterfolgs. Vor allem auch in internationalen Geschäften wird das Erkennen, Erfassen und Stellen von Claims erfolgreich praktiziert.

In der Regel handelt es sich bei Claims um Forderungen bezogen auf

- den Liefer- und Leistungsumfang

- die Vertragstermine

- die finanziellen Aspekte.

Bezüglich dieser Forderungen kann in zwei Kategorien unterteilt werden:

- Mit dem Vertragspartner abgestimmte Änderungen sind eine Erweiterung des Vertrags, in denen einvernehmlich Mehrungen oder Minderungen und zeitliche Verschiebungen im Projektablauf vereinbart sind. Diese einvernehmlichen Änderungen werden meist als Nachträge, Change oder Variation Orders bezeichnet. Sie werden vor der eigentlichen Ausführung als Nachtrag zum Vertrag einvernehmlich vereinbart.

- Sind Änderungen zwar notwendig, aber die Verantwortung für die Ursache und die daraus resultierenden Konsequenzen ist strittig, handelt es sich ebenfalls um Nachträge, die jedoch aufgrund der „Strittigkeit" meist als „Claims" bezeichnet werden. Auch hier wird meist eine Änderung zum bestehenden Vertrag gefordert und es kommt, wie bereits beschrieben, zu Mehrungen oder Minderungen bei Zeit, Kosten, Liefer- und Leistungsbedingungen sowie Qualität, die aber nicht abschließend verhandelt sind. Der Vertragspartner (das kann ein Auftraggeber oder Auftragnehmer sein) tritt in Vorleistung und muss dann seinen Forderungen nach der Ausführung „hinterherlaufen".

Bei jeder Änderung werden die ablaufenden Prozesse erheblich gestört und die Wirtschaftlichkeit in Frage gestellt. Im Wesentlichen unterstützen die nachfolgenden Prozesse das Claim Management.

1. Controllingprozess

Der Controllingprozess hat die Aufgabe, einen Projektablauf auf Basis der vertraglich festgelegten Vorgaben – der Baseline – zu überwachen, Abweichungen zu erkennen und wenn notwendig gegenzusteuern. Durch das Controlling wird der Anstoß für das operative Claim Management gegeben, hier werden auch die Ursachen der Abweichungen bewertet.

2. Kommunikationsprozess

Über den ebenfalls während der Projektplanung festgelegten Kommunikationsprozess werden entsprechende Informationen von und zu den betroffenen Stellen bis hin zu den Entscheidern transportiert, um jede Abweichung vom Soll zeitnah melden zu können.

3. Claimprozess

Auf Basis der Controlling- und Kommunikationsprozesse kann der eigentliche Claimprozess in die Wege geleitet werden. Ohne entsprechende Voraussetzungen im Projekt lässt sich kein effektives Claim Management realisieren, denn das Erkennen von Abweichungen ist die Basis für die weiteren Schritte. Jeder einzelne Mitarbeiter hat dabei eine spezielle Rolle und leistet einen wichtigen Beitrag.

Erst wenn alle während der Vertragslaufzeit registrierten, eingeleiteten, durchgesetzten oder abgewehrten Claims abgearbeitet, die Verhandlungsergebnisse umgesetzt und die daraus resultierenden Aufgaben erledigt sind, kann ein Vertrag abgeschlossen werden.

5. Vertragscontrolling

Der Begriff Controlling wird zur Kennzeichnung aller Aktivitäten und Maßnahmen verwendet, die dazu dienen, Planung und Realisierungsgrad miteinander zu vergleichen, Abweichungen festzustellen und die daraus gewonnenen Erkenntnisse zu bewerten und umzusetzen. Auch auf Verträge muss ein konsequentes Vertragscontrolling angewendet werden:

Die Vertragsplanung und deren Umsetzung sind maßgeblich für die Realisierung unternehmerischer Ziele bestimmend. Eine konsequente Planung ist wichtig für den Erfolg. Wenn man die Erfolgsgrößen plant und vertraglich fixiert, dann lassen sich die Ergebnisse auch vergleichen. Im Vertragscontrolling werden die Vorteile, die richtig strukturierte und gut verhandelte Verträge für ein Projekt bringen, erfasst und bewertet.

Es gibt eine einfache Methode, die nach Vertragsabschluss erforderlichen Vorbereitungs- und Planungsarbeiten zu strukturieren. Man nimmt den Vertragstext und exzerpiert den Inhalt einschließlich Anlagen, indem man die Rechte und Pflichten der Parteien jeweils systematisch aufteilt und in einer Matrix gegenüberstellt. Diese versieht man gleichzeitig mit den Leistungsdaten und weiterführenden Informationen, die man für die Kontrolle benötigt. In dieser Übersicht wird von den ersten Wirksamkeitsvoraussetzungen bis zum Ablauf der letzten Gewährleistungsfrist alles erfasst, was zu kontrollieren ist.

Diese Arbeit ist bei komplexen Verträgen am Anfang sehr hoch, wird aber dadurch erleichtert, wenn man diese Übersichten computergesteuert erzeugt, wie sie bei Planungssoftware zur Verfügung steht (Heussen 2002, S. 305).

Man sollte dabei einer logischen Struktur folgen, z.B. gemäß den rechtlichen Wirksamkeitsvoraussetzungen, den eigenen Hauptpflichten, den eigenen Nebenpflichten, den Hauptpflichten des Vertragspartners, den Nebenpflichten des Vertragspartners, den rechtlichen Sicherungsmaßnahmen außerhalb des Vertrages, den nicht beherrschbaren Risiken und den Risiken, die durch Dritte entstehen.

Wenn alle Gesichtspunkte erfasst sind, kann man die Inhalte der Übersicht zur Kontrolle und Evaluierung einsetzen. Dadurch lässt sich sicherstellen, dass alle Pflichten überwacht werden, Verzug rechtzeitig angemahnt wird, Schlechterfüllung frühzeitig erkennbar wird und dass die Rechte bei Leistungsstörungen frühzeitig wahrgenommen werden.

Das Vertragscontrolling erstreckt sich von der Ablaufplanung über die Ziele und Inhalte bis zum Abgleich der Ergebnisse mit den Zielen.

Die Vertragsdokumentation dient nicht nur der vorgeschriebenen Aufbewahrungspflicht, vielmehr entstehen während der Verhandlung und Durchführung eine große Anzahl weiterer Unterlagen und Dokumente. So müssen Zeitpläne, Projektierungen, Budgetpläne, Protokolle, technische Unterlagen, Gutachten, Kalkulationen etc. so aufbewahrt werden, dass diese bei Bedarf schnell wiedergefunden werden können.

Eine Nachkalkulation und ein Controlling der Ergebnisse schließen diese Phase ab. Die gemachten Erfahrungen stellen wertvolle Grundlagen für weitere Geschäftsbeziehungen dar.

Abschließende Worte

Zuletzt der wichtigste Ratschlag noch einmal in klaren Worten: **Es gibt keine allgemeingültigen Ratschläge**. Jede Theorie kann eine Abwandlung oder Ausnahme haben und jede Technik und Methodik muss auf die spezielle Situation der Anwendung angepasst werden. Verzagen Sie deshalb nicht, falls Sie feststellen, dass in diesem Buch aufgeführte Theorien nicht einwandfrei auf Ihre Situation anwendbar sind. Suchen Sie sich einfach die Sektionen heraus, die für Sie einen Mehrgewinn darstellen und überprüfen Sie sie auf die Anwendbarkeit in Ihrer speziellen Lage.

Versuchen Sie auch nicht, ein Verkaufsgespräch oder eine Verhandlung bis ins letzte Detail zu planen. Versuchen Sie lieber sich auf alle Eventualitäten vorzubereiten. Ihre Intuition und Erfahrungswerte werden so mit allgemeinen Erkenntnissen aufgebessert. Deshalb werden Sie auch auf Überraschungen leichter reagieren können.

Wir wünschen Ihnen den absoluten beruflichen und privaten Erfolg. Machen Sie Ihre Kunden glücklich, indem Sie ihnen geben, was sie brauchen und machen Sie sich selbst glücklich, indem Sie sich klarmachen, was Sie wollen und es dann erreichen. Mit der nötigen Vorbereitung und einer gesunden Portion Selbstvertrauen werden Sie auch die größten Herausforderungen meistern!

Damit man später im Laufe einer Geschäftsbeziehung noch weiß, was vereinbart worden ist, oder aber auch im Falle von Leistungsstörungen die Rechte und Pflichten genau zuordnen kann, empfiehlt es sich, die verhandelten Punkte in einem Vertrag festzuhalten. Damit auch dies systematisch geplant werden kann, haben wir in Teil C die wesentlichen Schritte dafür aufgezeigt.

Die Autoren

Literaturverzeichnis

Altmann, Hans Christian (1999): Erfolgreicher verkaufen durch positives Denken, 7. Auflage, Landsberg am Lech

Altmann, Hans Christian (2006): Mut zu neuen Kunden, 7. Auflage, Frankfurt am Main

Bänsch, Axel (2002): Käuferverhalten, 9. Auflage, München

Bänsch, Axel (2006): Verkaufspsychologie und Verkaufstechnik, 8. Auflage, München

Bazerman, Max H. / Malhotra, Deepak (2007): Clever verhandeln, in: Harvard Businessmanager, 30.10.2007, Nr. 11

Becker, Walter (2000): Verkaufspsychologie, 2. Auflage, München

Behle, Christine / vom Hofe, Renate (2006): Handbuch Aussendienst, 2. Auflage, Landsberg am Lech

Bornhäuser, Andreas (1996): Präsentainment, 1. Auflage, München

Detroy, Erich-Norbert (2004): Mit Begeisterung verkaufen, 6. Auflage, Landsberg am Lech

Detroy, Erich-Norbert (2007): Jeder Kunde hat seinen Preis, 2. Auflage, Regensburg

Fablunke, O. / Grünewald, O. / Lehm, J. (1974): Verkaufspsychologie, 5. Auflage, Berlin

Felser, G. / Kaupp, P. (2007): Werbe- und Konsumentenpsychologie, 3. Auflage, Berlin

Fett, Josua (2006): Die Mehr-Wert-Strategie, 3. Auflage, Mammendorf

Gitomer, Jeffrey (2006): Little Red Book of Sales Answers, 1. Auflage

Goldmann, Heinz M. (2001): Wie man Kunden gewinnt, 12. Auflage, Essen

Gregorc, W./ Weiner, K. L. (2005): Claim Management, Ein Leitfaden für Projektmanager und Projektteam, Erlangen 2005

Hartmann, K. D. (1955): Der Preis im Zahlenbewusstsein der Verbraucher, in: Der Markenarikel, Jg. 17

Heussen, Benno (2002): Handbuch Vertragsverhandlung und Vertragsmanagement, 2. Auflage, Köln 2002

Hierhold, Emil (2002): Sicher präsentieren, wirksamer vortragen, 6. Auflage, Wien

Hilgard, Ernest R. / Bower, Gordon H. (1983): Theorien des Lernens, 1. Band, 5. Auflage, Stuttgart

Hofbauer, Günter / Dürr, Karoline (2007): Der Kunde – Das unbekannte Wesen, 1. Auflage, Berlin 2012

Hofbauer, Günter / Dürr, Karoline (2012): Der Kunde – Das unbekannte Wesen, Psychologische und soziologische Einflüsse auf die Kaufentscheidung, 2. aktualisierte Auflage, Berlin

Hofbauer, Günter / Hellwig, Claudia (2005): Professionelles Vertriebsmanagement, 1. Auflage, Erlangen

Hofbauer, Günter / Hellwig, Claudia (2012): Professionelles Vertriebsmanagement – Der prozessorientierte Ansatz aus Anbieter- und Beschaffersicht, 3. Auflage, Berlin 2012

Hofbauer, Günter / Hohenleitner, Christina (2005): Erfolgreiche Marketing-Kommunikation, 1. Auflage, München

Hofbauer, Günter / Schöpfel, Barbara (2010) : Professionelles Kundenmanagement, Ganzheitliches CRM und seine Rahmenbedingungen, Erlangen 2010.

Hofbauer, Günter / Schweidler, Anita (2006): Professionelles Produktmanagement, 1. Auflage, Erlangen

Hofbauer, Günter (2013): Technisches Beschaffungsmanagement – Der Beschaffungsprozess, Berlin 2013

Holzheu, Harry (2002): Natürliches Verkaufen, 1. Auflage, München 2003

Katzengruber, Werner (2006): Die neuen Verkäufer, 1. Auflage, Weinheim

Kroeber-Riel, Werner (1993): Bildkommunikation, 1.Auflage, München

Küpper, Wilhelm (1997): Planen & Organisieren, 1. Auflage, München

Kuhlmann (2001): Industrielles Vertriebsmanagement, München

Kunz, Hannes (1996): Beziehungsmanagement, 1. Auflage, Zürich

Limbeck, Martin (2006): Das neue Hardselling, 1. korr. Nachdruck, Wiesbaden 2005
200

Maslow, Abraham H. (1987), Motivation and Personality, 3. Auflage, New York

Pawlow, Iwan P.(1985): Die bedingten Reflexe, 1. Auflage, Berlin

Peters, Thomas J. / Watermann, Robert H. (1984): Auf der Suche nach Spitzenleistungen, 9. Auflage, Landsberg am Lech

Pepels, Werner (2007): After Sales Service, 2. Auflage, Düsseldorf

Puntsch, Eberhard (1989): Neue Wege der Verkaufstechnik und Verkaufspsychologie, 1. Auflage, München

Rackham, Neil (1988): Spin Selling, 1. Auflage

Rentzsch, Hans-Peter (2001): Kundenorientiert verkaufen im Technischen Vertrieb, 2. Auflage, Wiesbaden

Ruede-Wissmann, Wolf (1989): Superselling, 1. Auflage, München

Ruhleder, Rolf (2000): Verkaufstraining intensiv, 7. Auflage, Renningen

Scherer, Hermann (2006): Ganz einfach verkaufen, 2. Auflage, Offenbach

Schnappauf, Rudolf A. (1997): Verkaufspraxis, 3. Auflage, Landsberg am Lech

Seelye, Richard S. / Moody, O. William (2000): Verkauf beginnt, wenn der Kunde nein sagt!, 2. Auflage, Landsberg am Lech

Skinner, Burrhus F. (1973): Wissenschaft und menschliches Verhalten, 8. Auflage, München

Teigler, Peter (1968): Verständlichkeit und Wirksamkeit von Sprache und Text, 1. Auflage, Stuttgart

Thiele, Albert (1994): Mit neuen Techniken wirkungsvoll präsentieren, 2. Auflage, Landberg am Lech

Thiele, Albert (2007): Argumentieren unter Stress, 6. Auflage, München

Winkelmann, Peter (1999): Innovatives Außendienstmanagement, 1. Auflage, München

Winkelmann, Peter (2008): Marketing und Vertrieb, 6. Auflage, München

Winkelmann, Peter (2005): Vertriebskonzeption und Vertriebssteuerung, 3. Auflage, München

Zimbardo, Philip G. / Ruch, Floyd L. (1974): Lehrbuch der Psychologie, 1. Auflage, Berlin

Zimbardo, Phillip G. / Gerrig, Richard J. (2004): Psychologie, 16. Auflage, München

Stichwortverzeichnis